MODERNER SCHAMANISMUS

Deine innere Reise zu dir selbst.
Ein neuer Weg der Selbsterkenntnis

DIANA FREITAG

Inhaltsverzeichnis

Einleitung

Schamanismus, in vergangenen Zeiten nur Auserwählten zugänglich, findet immer mehr Einzug in unsere moderne Welt. Spürst auch du diese Sehnsucht danach, dich wieder mehr mit der Natur und dir selbst verbinden zu wollen?

Dieses Verlangen, diese innere Stimme, wird bei vielen Menschen immer lauter. Ein neues Zeitalter steht uns bevor, in dem die Seele wieder zu sich finden, die Einheit spüren und leben möchte.

Und so ist es auch nicht verwunderlich, dass sich immer mehr Suchende dazu hingezogen fühlen, den schamanischen Weg kennenzulernen und zu praktizieren. Ein Funke beginnt wieder stärker zu glühen, der nie wirklich erloschen war. Immer mehr erkennen wir, dass wir bei uns selbst anfangen müssen, wenn wir unsere Erde heilen wollen. Wir heilen uns selbst, werden wieder „ganz“.

In der spirituellen Landschaft gibt es viele Ansätze, die sich genau damit auseinandersetzen, wie die menschlichen Seelenkräfte aktiviert und in Harmonie kommen können. Der Schamanismus beschäftigte sich immer damit, die Einheit zu allem Beseelten zu wahren und Realität aktiv zu kreieren. Wenn du diesen inneren Ruf ebenfalls vernimmst, möchte dir dieses Buch einen vielleicht ersten Einblick geben in die Möglichkeiten, schamanische Praktiken für dich zu nutzen, um die Botschaften deiner Seele wieder empfangen zu können.

Zunächst reisen wir gemeinsam zurück in der Zeit, um die Wurzeln des Schamanismus und das zugrundeliegende Weltbild zu erkunden. Dieses wird dich danach wie ein roter Faden durch das Buch begleiten und dir Wege aufzeigen, diese Welten selbstständig kennenzulernen und zu erkunden. Auch werden wir betrachten, wie sich der Schamanismus in unserer Zeit darstellt. Du wirst erfahren, welche Transformationsmöglichkeiten der schamanische Weg bieten kann, aber auch, wo seine Grenzen liegen.

Da Schamanen und Schamaninnen u. a. mit Pflanzenseelen intensiv in Kontakt stehen, und mit ihrer Unterstützung die Anderswelt bereisen, kannst du einige schamanische Hilfsmittel kennenlernen, die auch dir kraftvolle Begleiter werden können.

Die schamanische Trommel, das „Gefährt" in die Anderswelt, wird dir dabei behilflich sein, ein Gefühl für die schamanische Trance zu erhalten und so kannst du anhand dieses Buches eine erste Aufstellungsmöglichkeit im Medizinrad und verschiedene schamanische Rituale kennenlernen, die dir dabei helfen wollen, den Kontakt zu deiner inneren Weisheit wiederherzustellen. Unterstützt wirst du dabei von einem starken Team, deinem „inneren Team", den Archetypen, die sich dir persönlich vorstellen möchten.

Schritt für Schritt kannst du schamanische Praktiken erkunden und in deinen Alltag einbauen. Die schamanische Seelenreise, eine sehr wirkungsvolle und spannende Möglichkeit, deine Seele zu hören und zu verstehen, wird dir schrittweise erklärt und du wirst für deine erste eigene Reise angeleitet.

Zum Abschluss betrachten wir noch schamanische Leitlinien, die dir einen hilfreichen Rahmen bieten können, um verantwortlich und ethisch mit den erlangten Erfahrungen umzugehen. Anhand verschiedener Beispiele kannst du dann das Geschenk des Schamanismus als lebensbegleitendes Konzept erfahren, das sich auch mit anderen (spirituellen) Disziplinen sehr gut vereinbaren lässt.

Jede Reise beginnt mit einem ersten Schritt. Deine innere Reise darf jetzt und hier beginnen.

Schamanismus – zeitlos, heilsam, lebensnah

Per Definition bedeutet Schamanismus der Glaube an die besonderen Fähigkeiten eines Menschen, sich im Rahmen spiritueller Rituale mit der unsichtbaren Welt der Geistwesen, Seelen und Energien in Verbindung setzen zu können.

Ich konnte mir darunter lange Zeit nichts Konkretes vorstellen und hatte zum Thema Schamanismus doch recht veraltete Bilder in meinem Kopf. Bis ich selbst immer wieder mit Praktizierenden und Schamanen/Schamaninnen in Kontakt kam und dadurch schnell merkte, dass Schamanismus so viel mehr für uns sein kann als eine übersinnliche Erfahrung. Im Gegenteil zeigte sich mir die schamanische Welt als unterstützende Lebenshilfe und Möglichkeit der Selbstwahrnehmung und Selbstbewusstwerdung.

Ich ließ mich ein Jahr lang in schamanischen Techniken ausbilden, integriere seither dieses Wissen in meinen Alltag und möchte dir nachfolgend aufzeigen, dass wir alle die Möglichkeit besitzen, Schamanismus als eine Rückverbindung zu unserer wahren Natur in uns selbst wiederentdecken zu können.

Die Wurzeln des Schamanismus

Wenn du diese Zeilen liest, bist du vielleicht selbst gerade auf der Suche nach deinen eigenen „Wurzeln“, deinem „Woher“ und „Wohin“, wünschst dir mehr Stabilität und Selbsterkenntnis in deinem Leben. Es ist ein menschliches Bedürfnis, diesen essenziellen Fragen nachzugehen, sie zu erforschen und nach Antworten zu suchen.

Viele vor uns haben dies bereits getan. Nicht nur Philosophen, Mystiker, Gurus, spirituell Suchende, Gläubige und Atheisten, nein, jeder Mensch, ob Glück oder Leid erfahrend, stellt sich früher oder später die Frage nach dem Sinn des Lebens. Auch mich selbst hat diese Auseinandersetzung mit dem Leben u. a. auf den schamanischen Weg gebracht und hilft mir seither dabei, mich selbst und andere besser verstehen zu können.

Der Schamanismus stellte seit jeher den Menschen eine Möglichkeit vor, sich auf diese Reise zum Entdecken des „Ichs" und der uns umgebenden beseelten Welt zu begeben. Dass gerade in heutigen Zeiten, in denen alles so schnelllebig erscheint und zahllose Möglichkeiten uns vor die Wahl stellen, wie wir unser Leben gestalten möchten, das Thema Schamanismus das Interesse vieler Menschen ruft, ist naheliegend. Der Mensch möchte sich wieder verbinden, mit sich selbst, dem Anderen und der Natur.

Gerade das Gefühl der Trennung erweckt in vielen die Sehnsucht, diese aufzuheben und erneut im Einklang zu leben, denn deine Seele kennt diesen Zustand des „Einsseins" nur zu gut. „Mitakuye oyasin", erklären die Lakota-Indianer und bringen damit die Essenz schamanischer Arbeit und spiritueller Suche auf den Punkt: „Ich bin mit Allem verwandt". Schamanische Techniken wollen dich dabei unterstützen, genau diese Einheit wiederzuentdecken.

Der Schamanismus spielte als uralte Weisheit und, wie wir heute sagen würden, als „Lifestyle“ schon immer eine entscheidende Rolle. Die Wurzeln des Schamanismus werden in den alten, spirituellen Traditionen indigener Völker gesehen, die auf der ganzen Welt verbreitet zu finden sind. Zu allen Zeiten unterstützten verschiedene Zeremonien und Praktiken die Menschen dabei, eine heilsame Beziehung zur gesamten Schöpfung aufzubauen.

Wenn du heute mit dem Begriff „Schamanismus“ in Kontakt kommst, wirst du viele verschiedene Praktiken und Angebote finden. Denn zu allen Zeiten fühlten sich Personen als „Schamanen/ Schamaninnen“ gerufen, um die Menschheit in ihrer Entwicklung, Sinnsuche und Heilung zu unterstützen.

Vielleicht hast du gerade ein Bild eines alten Medizinmannes vor Augen, wenn du an einen Schamanen denkst. Gekleidet in einer besonderen Tracht des jeweiligen Volkes, in Abgeschiedenheit lebend, umringt von zahlreichen Kräutersubstanzen, Naturmaterialien, sitzend vor einer Räucherschale, mysteriöse Klänge tönend und handgefertigte Rasseln und Trommeln spielend.

Wenn wir von den Wurzeln des Schamanismus sprechen, könnte dieses Bild eines schamanisch Praktizierenden durchaus stimmen. Doch auch diese wohl älteste spirituelle Praxis, die den Menschen in allen Zeiten zur Heilung diente, wandelt sich und bringt neue Formen und Ausdrucksweisen hervor.

So ist es heutzutage nicht mehr selten, dass Menschen, die mit beiden Beinen fest im Leben stehen, ihrer Arbeit nachgehen und ihre Familie versorgen, auch schamanische Techniken in ihren Alltag integrieren, weil sie die Essenz des Lebens erkennen, verstehen und spüren wollen. Schamanismus war von Grund auf immer undogmatisch und entwickelte sich organisch und harmonisch mit den Bedürfnissen der Menschen aller Zeiten.

Und so, wie eine Wurzel den Pflanzen Halt gibt, sie nährt und stärkt, kann diese uralte Weisheit des Schamanismus für dich ebenfalls ein stabilisierendes Geflecht werden, das dein Leben durchzieht und dich auf deiner Suche in die Tiefe von Verständnis und Heilung führen kann.

Das schamanische Weltbild

Schamanismus wurde und wird auch heute an vielen Orten auf der Welt durch Schamanen und schamanisch Interessierte praktiziert. Dabei eröffnet sich ihnen eine ganz neue Welt, sichtbar und unsichtbar. Warum solltest du über dieses zugrundeliegende Weltbild Bescheid wissen?

Nun, es ist wichtig für dich zu verstehen, dass die Welt aus dem Blickwinkel des Schamanismus noch viel mehr beinhaltet als das, was deine Sinne tagtäglich zunächst wahrnehmen und als „Welt“ einordnen würden. Es ist von einer „Anderswelt“ die Rede, die, wie der Name schon sagt, in ihrer Wahrnehmung eben abweichend, anders ist.

Auf einige Menschen kann das zunächst befremdlich wirken, andere hingegen finden diese These spannend und möchten jene „Anderswelt“ erfahren. Und genau diese Erfahrung ist es, die uns erst wirklich in das schamanische Weltbild eintauchen lässt, die unser Verstand unter Umständen zunächst einmal nicht begreift, vielleicht auch hinterfragt oder analysieren möchte. Das ist völlig normal und verständlich, denn unser Intellekt strebt danach, Eindrücke zu vereinfachen, indem er sie einordnet und kategorisiert.

Da wir alle wandelnde Multiversen auf Erden sind, wirst du sicherlich schon die Erfahrung gemacht haben, dass die Wahrnehmungen und damit die Weltbilder eines jeden Einzelnen sich sehr stark unterscheiden können. Das zugrundeliegende Weltbild des Schamanismus ist daher nur eine Möglichkeit, die Welt zu sehen, behauptet aber nicht, das richtige und vollständige zu sein. Denn auch die Welt des Schamanismus interagiert mit ihren Praktizierenden und zeigt sich dementsprechend unterschiedlich. Es lassen sich jedoch einige Gemeinsamkeiten erkennen, die eine schamanische Weltanschauung skizzieren können.

Allgemein kann man sagen, dass es sich bei der „Anderswelt“ um eine Welt handelt, die jenseits unseres Verstandes existiert, eine andere Dimension sozusagen. In dieser Welt ist es möglich, auf Seelenebene zu kommunizieren, mit deiner eigenen, aber auch den Seelen anderer Menschen, den von Tieren, Pflanzen, Gegenständen und Geistwesen.

Bei einer schamanischen Reise bzw. Seelenreise, wie du sie später noch genauer kennenlernen wirst, ist es möglich, die Anderswelt auf drei verschiedenen Ebenen zu besuchen, also zwischen den Welten zu wandeln. Schamanen nutzen dafür vor allem Trommeln und Rasseln, um sich in einen tranceartigen Zustand zu versetzen und die Verstandesebene zu verlassen.

Alles, was wir wahrnehmen in unserer alltäglichen Realität, ist unsere vorherrschende Wirklichkeit, in der wir tagtäglich agieren. Wir fühlen, wir denken und wir handeln auf dieser Ebene als Menschen mit physischen Körpern. Das schamanische Weltbild geht davon aus, dass es neben dieser für dich greifbaren Realität noch weitere, nicht alltägliche Wirklichkeiten gibt, die sogenannte untere, mittlere und obere Welt. Ich möchte dir an dieser Stelle die einzelnen Bereiche genauer vorstellen:

Die untere Welt

Die untere Welt wird auch bezeichnet als der Seelengarten. Dein Seelengarten kann sich dir auf ganz unterschiedliche Weise zeigen. Oft lassen sich während einer schamanischen Seelenreise dorthin urwüchsige Landschaften und wilde Natur entdecken, ganz wie wir sie aus unserer Alltagswirklichkeit kennen. Erfahrungsgemäß können das Bild und die Wahrnehmung deines Seelengartens bereits wichtige Einblicke in deine seelische Verfassung geben.

Die untere Welt spiegelt sozusagen dein Unterbewusstsein wider. Ein großer Teil schamanischer Heilarbeit findet in diesem Bereich der Anderswelt statt. Gerade wenn du dich auf bewusster Ebene in den Gedankenkreisen von Problemlösungen und Grübeln gefangen fühlst, kann eine schamanische Reise in deinen Seelengarten dir helfen, einschränkende kognitive und emotionale Muster zu durchbrechen und neue Einsichten zu erhalten.

Wichtig ist jedoch, dass du weißt, dass manche Bereiche deines Seelengartens nur von erfahrenen Schamanen betreten werden können. Dies zeigt sich vor allem bei traumatisierten Menschen, welche bestimmte Bereiche zum Selbstschutz regelrecht verriegelt haben.

Du siehst also bereits jetzt, dass es in bestimmten Fällen wichtig ist, sich einem kompetenten und erfahrenen Therapeuten oder Schamanen anzuvertrauen, um bei traumatisierenden Erfahrungen gezielt Unterstützung zu erhalten. In den allermeisten Fällen ist die Reise in deinen eigenen Seelengarten jedoch eine kraftspendende und aufschlussreiche Erfahrung, die dir viel innere Heilung und Harmonisierung schenken kann.

In der unteren Welt findest du die Urbilder deiner Seele, auch genannt Archetypen, die sich dir in einem späteren Kapitel noch vorstellen möchten. In dieser Welt kannst du, deiner Natur entsprechend, zu jedem Zeitpunkt selbstbestimmt die Seelenreise leiten und Entscheidungen treffen.

Dein Seelengarten ist ein Ort, an dem du mithilfe der Archetypen ein Anliegen von verschiedenen Perspektiven aus betrachten kannst. Dabei stehen dir diese Urbilder der Seele wie z. B. dein innerer Krieger/deine innere Kriegerin mit Rat und Tat zur Seite und sind sozusagen Spezialisten für einen bestimmten Lebensbereich oder eine Situation, die es zu meistern gilt. Da die Archetypen sehr gut miteinander vernetzt sind, wirst du auch erfahren können, was und wer gerade nötig und hilfreich für dich ist.

Die mittlere Welt

Die mittlere Welt liegt, wie du sicher schon vermutet hast, zwischen der unteren und oberen Welt. Sie entspricht der nicht alltäglichen Wirklichkeit, die parallel zu unserer Realität existiert. Sie ist eine Welt, die wir jedoch in unserem Alltag, allein mit unseren Sinnen, oft nicht wahrnehmen können und uns daher meist verborgen bleibt. Schamanen und schamanisch Praktizierende wiederum nehmen in unserer Alltagsrealität Phänomene wahr, die wir noch nicht oder nicht mehr sehen können. Es handelt sich dabei um feinstoffliche Elemente.

Sicher hast du schon davon gehört, dass es Menschen gibt, die die Aura eines anderen Menschen spüren, vielleicht sogar sehen können. Dies wäre ein Beispiel für solch ein feinstoffliches Element, das sich nicht allen Menschen gleich erschließt.

Auch die Seelenenergiezentren, die sogenannten Chakren, fallen in solch eine Kategorie sowie bestimmte Geistwesen. Wenn Menschen von derartigen Wahrnehmungen berichten, wird nicht selten mit Unverständnis reagiert und eine Augenbraue der Skepsis hochgezogen.

Doch Schamanen sind fest davon überzeugt, dass eigentlich jeder Mensch von Natur aus die Fähigkeit besitzt, diese sogenannte „Zweite Wahrnehmung“ zu besitzen. Kinder zeigen uns z. B. noch sehr eindrucksvoll und „fantasievoll“, wie sie ihre Welt wahrnehmen, und sehr oft ist für sie diese Ebene der mittleren Welt noch nicht verschüttet.

Für uns Erwachsene ist ein Schlüssel zum Betreten dieses Bereiches zum einen unsere Intuition, das Sehen über das dritte Auge, oder eben eine gezielte schamanische Reise in diese nicht alltägliche Wirklichkeit, in der vor allem energetische Arbeit stattfindet, um Blockaden zu lösen und Energien zu harmonisieren, sie wieder ins Gleichgewicht zu bringen. Auch Reinigungen von fremden Energien können hier geschehen, wenn du dich z. B. nach einem Gespräch mit unliebsamen Zeitgenossen nicht mehr energetisch und wohl fühlst.

Die obere Welt

Wie die untere und mittlere Welt stellt auch die obere Welt für dich einen Erfahrungsraum dar, den du mithilfe einer schamanischen Reise besuchen kannst. Eine Reise dorthin kann für dich besonders interessant und hilfreich sein, um Hinweise auf deinen Lebensplan zu erhalten, der dich mit all deinem Potenzial hier auf die Erde geführt hat.

Die obere Welt stellt sich, ebenso wie alle anderen Ebenen, multidimensional dar. So begegnest du dort wichtigen Lehrern und Geistführern, Helferenergien wie z. B. Engeln, Meisterenergien und auch der sogenannten Akasha-Ebene, in welcher das komplette Wissen der Menschheit aus Vergangenheit, Gegenwart und Zukunft gespeichert ist.

Bei Reisen in die obere Welt bist du vor allem Zuschauer und Beobachter und kannst dort dein Anliegen vorbringen. Eine Reise in diese Ebene der Anderswelt ist dann von Nöten, wenn die unterstützende Hilfe der Archetypen in der unteren Welt erschöpft ist und eine Kontaktaufnahme zu einem Teil deines „Höheren Selbst" wichtig wird, um essenzielle Fragen bezüglich deiner Lebensaufgabe zu klären oder dort entsprechende Blockaden aufzulösen.

Transformation durch schamanische Arbeit

Nachdem du jetzt schon einige Einblicke in den Schamanismus erhalten konntest, frage dich an dieser Stelle bitte selbst, was du dir durch das Praktizieren schamanischer Arbeit für dich erhoffst. Gibt es ein Ziel, das du damit erreichen möchtest? Oder hast du vor, dich in einem bestimmten Lebensbereich intensiver zu entwickeln?

Eins ist sicher, diese Form der spirituellen Auseinandersetzung mit dir selbst wird dich bei deiner Transformation unterstützen. Wenn wir geboren werden auf diese Erde, beginnt die Reise zu uns selbst. Unter anderem dadurch, dass wir uns im Spiegelbild des anderen erforschen. Erkennst du selbst, wie viele und welche Stadien der Entwicklung du bereits durchlebt hast? Nichts ist starr, wir können uns gar nicht nicht weiterentwickeln und entdecken uns durch verschiedene Erfahrungen immer wieder selbst aufs Neue.

Schamanische Arbeit möchte dir dabei helfen, bestehende Blockaden und Faktoren, die dich auf deinem Weg eventuell hemmen können, zu erkennen und liebevoll aufzulösen. Transformation bedeutet Veränderung, was einigen von uns vielleicht erst einmal Respekt einflößt. Denn die Frage stellt sich natürlich, inwieweit wir bereit sind, diesen Weg anzunehmen und loszulassen, was wir nicht mehr sind oder was nicht mehr zu uns passt. Das bringt natürlich eine gewisse Selbstverantwortung mit sich und fordert dich auf, in jene zu kommen und in deine Schöpferkraft zu gehen.

Zudem geht es darum, dich vertrauensvoll deiner Intuition und inneren Weisheit hinzugeben. Schamanismus ist ein Weg, der den Verstand, die Intuition und die Liebe und Weisheit des Herzens miteinander verbinden möchte. Dann findet Transformation auf allen Ebenen statt und wird für uns im Leben erfahrbar. Die Veränderung wird für dich greifbar und real, weil du dir nun selbst Aufmerksamkeit schenkst und zu hören beginnst, was dir deine Seele schon lange in Stille zuflüstert.

Es geht dabei nicht darum, radikale Entscheidungen zu treffen und von jetzt auf gleich das ganze Leben auf den Kopf zu stellen. Transformation ist ein Weg, der durch dich gegangen werden will. Manchmal sind die Schritte größer, dann gibt es wieder Zeiten, in denen wir kleine Schrittchen machen, aber klar ist: Du gehst beständig deinen einzigartigen Weg, du entscheidest und du erkennst, wohin er dich führen wird.

Wenn du dich entscheidest, schamanische Techniken in dein Leben zu integrieren, können sie dich unterstützen, diesen deinen Weg zu beleuchten, aus vielen Perspektiven, und dadurch vielleicht weniger Momente zu haben, in denen du blind durch das Dunkle tapst, weil du dein strahlendes Licht noch nicht angeknipst hast. Schamane bedeutet daher zurecht, „einer, der in der Dunkelheit sieht".

Moderner Schamanismus

Wie bereits angesprochen, entwickelt sich der Schamanismus mit den Menschen und den Herausforderungen und Problemen der jeweiligen Zeit. Schamanische Praktiken sind daher immer zeitgemäß, da sie die Weisheit und Kraft des Herzens freilegen und kein auferlegtes Dogma darstellen. Moderner Schamanismus, auch Neoschamanismus genannt, hat es sich zur Aufgabe gemacht, die überlieferten Wissensschätze indigener Völker neu zu interpretieren und den Menschen verständlich und anwendbar näherzubringen.

Während früher jedes Dorf oder jeder Stamm seinen eigenen Schamanen hatte, der die Einwohner energetisch beschützte und auch Krankheiten heilte, ist moderner Schamanismus darauf bedacht, die individuellen schamanischen Fähigkeiten des Menschen wieder freizulegen und zu schulen, um in die Selbstermächtigung und Selbsthilfe zu kommen. Das hat natürlich zur Folge, dass es mittlerweile viele unterschiedliche Konzepte und Methoden gibt.

Ich möchte dich an dieser Stelle darauf hinweisen, dass sich durch die breite Streuung von Angeboten schamanischer Arbeit auch unseriöse Anbieter auf diesem spirituellen Markt bewegen können. Daher ist es immer sehr ratsam, dass du dich ausführlich informierst und, was mir noch wichtiger erscheint, dir selbst Wissen und Erfahrungen über Schamanismus aneignest, um selbstverantwortlich entscheiden zu können, welches Angebot zu dir passt.

Mittlerweile gibt es sehr viele Bücher und Kurse über Schamanismus, welche für dich interessant sein können, um dich wirklich umfassend in diesen Bereich einzuarbeiten, und dir Möglichkeiten zur Selbsthilfe und Selbsterforschung bieten. Auch in diesem Buch möchte ich dir verständlich, nachvollziehbar und praxisorientiert darstellen, wie du schamanische Arbeit für dich entdecken, neu interpretieren und in dein Leben, in deinen Alltag integrieren kannst, um deinen ganz persönlichen Weg der Selbsterkenntnis zu unterstützen.

Der schamanische Weg im Alltag

In diesem Kapitel möchte ich dir zunächst aufzeigen, welche Möglichkeiten dir eine schamanische Arbeit bieten kann, aber auch, wo es Grenzen gibt, die du unbedingt vorher bedenken solltest. Zudem lernst du verschiedene Hilfsmittel und Verfahren kennen und kannst anhand kleiner Übungen bereits erste Erfahrungen mit schamanischen Praktiken sammeln und sie vielleicht sogar schon in deinen Alltag integrieren und individuell weiterentwickeln.

Möglichkeiten und Grenzen schamanischer Arbeit

Was mir persönlich nach ersten Berührungen mit schamanischen Praktiken auffiel, war, dass Schamanismus ein absoluter Erfahrungsweg ist und sich der Verstand oft vor dem Herzen verneigen darf. Wie bereits angesprochen, gibt es sehr viel

Literatur, die sich mit Schamanismus auseinandersetzt. Doch erst das Praktizieren verbindet das Wissen aus den Medien mit unserem tiefen, inneren Wissen. Dadurch erhöht sich unser Bewusstsein in die Richtung, dass wir lernen, die Zusammenhänge in dieser Welt besser verstehen zu können.

Schamanismus ist dabei nicht die einzige Möglichkeit, um dies zu erfahren, wie ich dir am Ende des Buches noch genauer darlegen möchte. Doch wenn du in dir den Ruf spürst, dich auf schamanische Art und Weise mit dem Leben auseinanderzusetzen, freue ich mich, wenn du diese Hand, die dir jetzt gereicht wird, mit Offenheit und Neugierde greifst. Schamanismus ist also primär eine Möglichkeit, einen Zugang zu deiner innewohnenden Weisheit zu erlangen.

Wenn es uns gelingt, diese Quelle des Wissens für uns auf verschiedene Weisen zu erschließen, hilft uns Schamanismus als älteste Methode, Probleme zu lösen und Orientierung zu finden. So kann dieser spirituelle Weg eine Möglichkeit darstellen, Antworten und Lösungsmöglichkeiten in uns selbst zu finden und so souverän in verschiedenen Lebenssituationen aktiv zu agieren, statt passiv zu reagieren.

Der schamanische Weg beschäftigt sich, nachdem Symptome ans Tageslicht treten, intensiv mit den Ursachen von Problemen, sei es bezüglich Beziehungen, Geld oder Gesundheit etc. Der Ansatz ist also, zu jeder Zeit herausfinden zu wollen, wann und wo der erste Grundstein für ein spezielles Thema gelegt wurde, um dann im zweiten Schritt diese Ursache liebevoll in Heilung zu bringen und nach Lösungswegen zu suchen.

Das schamanische Reisen, die sogenannte Seelenreise, möchte dich zu diesem Ursprung führen und dabei helfen, mehr Klarheit in eine Situation zu bringen. Wie du später noch sehen wirst, gibt es viele

Rituale und Aufstellungsarbeiten, die ebenfalls der Ursachenforschung und Lösungsfindung dienen.

Zusammenfassend kann man sagen, dass der schamanische Weg für dich da ist, um dich und deine Lebensumstände selbstständig zu erforschen und tiefere Erkenntnisse darüber zu erlangen, die dann nicht selten eine heilvolle Veränderung einleiten können.

Sehr wichtig ist zu erwähnen, dass schamanische Arbeit keinen Ersatz für eine Therapie, einen Arzt oder Heilpraktiker darstellt. Sie kann aber eine medizinische oder psychotherapeutische Behandlung begleiten und unterstützen. Solltest du also mit belastenden physischen oder psychischen Symptomen zu tun haben, konsultiere bitte immer zuerst einen Arzt oder Heilpraktiker, dem du vertraust.

Schamanismus gibt dir keine Heilversprechen, das wäre fahrlässig und zudem sehr unseriös. Doch hilft dir der schamanische Ansatz dabei, dich selbst und eventuelle (Krankheits-)Symptome besser verstehen zu können und die eigene innere Heilkraft wieder freizulegen und zu aktivieren.

Schamanische Hilfsmittel – Naturmaterialien, Räucherungen, Pflanzenöle

Die Schamanische Lehre geht davon aus, dass alles auf dieser Welt beseelt ist. Jeder Stein am Wegesrand, jeder Baum, ein Buch und natürlich auch die Tiere und Menschen teilen diese Gemeinsamkeit. Es gibt also einen Teil in aller Schöpfung, der unsterblich ist und alle Zeiten überdauert. Da alles eine Seele hat, ist es für Schamanen ganz klar, dass man mit allem Kontakt aufnehmen kann. Diese innige Verbindung zwischen allem auf dieser Welt ist immer da gewesen, doch fällt es Menschen zunehmend schwerer, diese in einer von Verstand und Rationalität geprägten Gesellschaft noch zu erkennen oder sogar zu spüren.

In schamanischen Ritualen, Reisen und Aufstellungsarbeiten werden die Seelenkräfte der uns umgebenden Natur gezielt miteinbezogen und unterstützen dabei mit Energie, Rat und Tat. Erinnerst du dich daran, wie gerne du z. B. als Kind Steine oder Muscheln gesammelt hast? Wie fasziniert du von ihrer Erscheinung und, im schamanischen Sinne, auch von ihrer Energie und damit ihrer Seele angezogen wurdest?

Wir fühlen uns subtil hingezogen zu gewissen Pflanzen oder Tieren, wählen einen bestimmten Steinschmuck aus, der uns ziert, und lehnen manche Dinge sogar komplett ab. Alles geschieht auf einer sehr intuitiven Ebene, die aber genau diese schamanische Fähigkeit, die Beseeltheit der Welt wahrzunehmen, zeigt.

Ich möchte dir nun einige schamanische Hilfsmittel vorstellen und erste Übungen an die Hand geben, die dir verdeutlichen sollen, dass wir tatsächlich alle eine „große Familie" sind.

Naturmaterialien

Naturmaterialien wie z. B. Steine, Hölzer, Harze, Blüten, Federn etc. fanden bereits in Urzeiten Verwendung durch Schamanen in ihren heiligen Ritualen. Sie alle besitzen, genau wie wir, ein tiefes inneres Wissen, das sie uns zur Verfügung stellen können und damit unterstützen möchten.

Wenn du dich einmal bewusst auf einen Spaziergang begibst und dich für die Naturgeister öffnest, wirst du plötzlich wahre Schätze entdecken, an denen du normalerweise vielleicht vorbeigegangen wärst. Schamanen besitzen oft Gefäße und Beutel, in denen sie liebevoll ihre „Naturfreunde" aufbewahren.

In der schamanischen Andentradition z. B. hat ein schamanisch Praktizierender eine „Mesa". Du kannst sie dir vorstellen wie eine Art Kissen gefüllt mit Steinen. Ein wunderschön farbig gemusterter Stoff wird zu einem Bündel zusammengebunden und beinhaltet Medizinsteine, die sich über die Zeit dem Schamanen zur Verfügung gestellt haben, um ihn mit ihrer Heilkraft und Weisheit zu unterstützen. Jeder der Steine ist besonders und mit speziellen Energiequellen wie z. B. den vier Elementen verbunden. Schamanen, die in dieser Tradition praktizieren, lieben ihre Steine und bauen regelrecht eine Beziehung zu ihnen auf, reinigen sie regelmäßig, meditieren mit ihnen und sehen sie als etwas sehr Lebendiges an.

Du musst dir natürlich keine „Mesa" erstellen, um schamanische Methoden anwenden zu können, doch möchte ich dir eine kleine Übung an die Hand geben, die dir zeigen soll, wie du schamanische Hilfsmittel in deinen Alltag miteinbeziehen kannst und so von ihrer Kraft und Weisheit profitieren darfst.

Übung: Schamanischer Spaziergang

Schamanismus bedeutet unter anderem, sich die Zeit zu nehmen, um sich wieder intensiver mit der Natur und mit sich selbst zu verbinden. Ein bewusster Spaziergang draußen, egal ob im Wald oder im Stadtpark, aktiviert den Anteil in dir, der diese Verbindung nie vergessen hat. Schamanen führen regelmäßig Rituale durch, die auch dir helfen können, deinem Leben wieder mehr Tiefe, Sicherheit und Struktur zu geben. Dabei sind sie niemals dogmatisch, sondern immer offen für deine eigenen Interpretationen und eigene Kreativität.

Ich möchte dich einladen, dir die Zeit zu nehmen und deinen „schamanischen Spaziergang“ zu planen. Wie so oft ist es im Leben so, dass wir all die wichtigen Dinge des Alltags erledigen und die Zeit, die dann am Ende noch übrigbleibt, mit Freizeit füllen. Aber ist es nicht oft so, dass wir dadurch viele Dinge, die wir eigentlich gerne machen möchten, vor uns herschieben und ihnen zu wenig Raum geben?

Vielleicht magst du deinen schamanischen Spaziergang gezielt einplanen. Schreibe dir diese Spazierzeit in deinen Terminkalender und lege die Zeit dafür fest. Dadurch sendest du deiner Seele das Signal, dass dir diese spezielle „Auszeit“ wichtig ist und du bereit bist zuzuhören. Plane alle anderen Erledigungen an diesem Tag also um deinen Spaziergang herum, er hat Priorität.

Bist du bereit, dich auf die Natur in dir und um dich herum einzulassen? Dann geh deinen ersten Schritt und überlege, an welchem Ort in deiner Umgebung du dich wohlfühlst und mit einem guten Gefühl spazieren gehen möchtest. Gibt es an diesem Ort eine Stelle, die für dich einen sogenannten Eingang darstellt? Stell dich vor diesen Eingangsbereich, schließe kurz die Augen und mache dir bewusst, dass jetzt deine Zeit beginnt, eine ganz persönliche Reise, um dein erstes schamanisches Hilfsmittel zu empfangen. Äußere innerlich den Wunsch, heute ein Naturmaterial finden zu dürfen, das zu dir passt und dich unterstützen möchte.

Genieße deinen Spaziergang in vollen Zügen und mit allen Sinnen. Ertaste die Baumrinden, rieche an den Blumen, lausche dem Gesang des Windes. Sollte dir ein Naturmaterial besonders auffallen, nimm es in deine Hände und folge deiner Intuition. Fühle dich in den Gegenstand hinein.

Wenn du das Gefühl hast, dass er zu dir gehört, stelle auch innerlich die Frage, ob du ihn mit nach Hause nehmen darfst. Fühlt es sich gut an? Traue hier deiner inneren Stimme und lerne dadurch, dir selbst wieder zu vertrauen. Hab keine Angst davor, etwas falsch zu machen, denn Entscheidungen, die du aus dem Herzen triffst, sind niemals falsch, sondern dienen immer deinem Wachstum.

Entdecke für dich bei diesem Spaziergang die wunderschöne Natur mit einem neuen Blick auf all die Wesenheiten, die dich umgeben. Du wirst selbst spüren, wann deine Zeit gekommen ist, diesen Ausflug zu beenden. Solltest du dabei deinen neuen „Schatz“ gefunden haben, nimm ihn mit und gib ihm ein neues, liebevolles Zuhause. Du kannst z. B. einen extra Ort gestalten, an dem du all deine Fundstücke aufbewahrst.

Vielleicht besitzt du auch eine schöne Schmuckschatulle, in der du z. B. gefundene Steine, Federn und Hölzer verwahrst. Du kannst sie nun in Zukunft bei schamanischen Ritualen, während Meditationen und für schamanische Aufstellungsarbeiten verwenden.

Tipp: Versuche die Erfahrungen dieses Spaziergangs in dein alltägliches Leben zu integrieren, indem du z. B. einmal am Tag einen Moment lang deinen Fokus explizit auf die dich umgebende Natur lenkst. Wenn ich zur Arbeit gehe, komme ich immer an einem wunderschönen, alten Baum vorbei. Oft bleibe ich kurz ein paar Atemzüge davor stehen, berühre mit meiner Hand seine Rinde und begrüße ihn innerlich. Dieser Moment ist sehr kurz, aber jedes Mal wieder berührend intensiv. Vielleicht findest du für dich ähnliche kleine Sequenzen, die dich täglich in die Verbindung zurückholen.

Wenn du in einer Großstadt lebst und dir dieses Ritual schwierig erscheint, weil du kaum noch Natur um dich herum wahrnehmen kannst, nutze den öffnenden Blick nach oben in den Himmel. Er verbindet uns alle, egal auf welchem Fleckchen Erde wir uns gerade befinden.

Räucherungen

Das Räuchern von Harzen, Samen und getrockneten Pflanzen ist in vielen spirituellen Richtungen seit Urzeiten her tief verankert. Schamanen nutzen Räucherungen gezielt für bestimmte Rituale, z. B. zur Reinigung, als Schutz, zur Verbindung etc. So haben bestimmte Pflanzen nicht nur heilsame Wirkungen, wenn sie als Tee oder Kräuteressenz oral eingenommen werden.

Schamanisch betrachtet, hat jede Pflanze ebenfalls eine Seele, die wir auf verschiedene Weise erkennen dürfen. Das Verfahren des Räucherns ist hierbei eine sehr intensive Möglichkeit, sich mit dem Wesen der Pflanze zu verbinden. Dadurch können wir wichtige Impulse und Weisheiten der Pflanze erfahren. Der wohlriechende Rauch unterstützt auch darin, die Tore zur Anderswelt zu öffnen, indem er den Zustand der Trance verstärkt.

Wenn ich räuchere, habe ich immer das Gefühl, dass der Duft eine tiefe Erinnerung in mir wachruft, die an jene urzeitlichen Rituale erinnert. Mittlerweile gibt es viele verschiedene Räuchermischungen und entsprechende -gefäße zu kaufen. Ich finde es sehr verbindend und erdend, sich selbst in die Natur zu begeben und verschiedene Kräuter und Harze für Räucherungen zu sammeln und sich vielleicht sogar aus Ton eine schöne Schale für das Räuchern zu formen. Du könntest das z. B. auch mit einem „schamanischen Spaziergang“

verbinden und vorher darum bitten, dass dir deine Kraftpflanze gezeigt wird, die du dann zu Hause trocknen kannst.

Du hast verschiedene Möglichkeiten, Räucherungen durchzuführen. Wie bereits erwähnt, kannst du in einer Räucherschale Kräuter auf einer glühenden Kohle verräuchern lassen. Die Schale wird dafür mit Räuchersand gefüllt, damit sie vor der Hitze geschützt ist. Es gibt spezielle Räucherkohlen zu kaufen, die du mit einem Feuerzeug leicht entzünden kannst.

Wenn du deine Räuchermischung oder getrockneten Kräuter, am besten mithilfe einer Pinzette, auf die glühende Kohle legst, entsteht schnell sehr viel Rauch, welcher eine extrem intensive Wirkung hat. Bei manchen schamanischen Ritualen wird genau das bezweckt. Wenn du z. B. deine Aura reinigen möchtest, fühlt es sich wirksamer an, sich in viel Rauch einzuhüllen, da er sich schön fließend in deinem Energiefeld ausbreitet. Du kannst den Rauch mit deiner Hand verteilen, Schamanen benutzen dafür oft eine schöne, große Feder oder einen Federfächer. Vielleicht hast du ja bereits eine auf deinem schamanischen Spaziergang gefunden, die du dafür nutzen könntest? Mit ihr kannst du den Rauch gezielt zu dir hinziehen oder von dir wegbewegen.

Nach dem Räuchern öffnest du das Fenster, damit der Rauch abzieht und dabei alles mitnimmt, was in deiner Aura nichts verloren hat. Bedenke jedoch vor jeder Räucherung, dass dieses Verfahren in geschlossenen Räumen deinen Rauchmelder definitiv auf den Plan ruft. Achte unbedingt darauf, dass du abgesichert arbeitest und den Brandschutz bedenkst. Stelle dir also immer ein Glas Wasser zur Seite, um im Brandfall schnell löschen zu können. Lasse deine Räucherung niemals unbeaufsichtigt in einem Raum stehen, wenn sie noch nicht ausgeglüht oder gelöscht ist.

Letztendlich gehört es auch zu einem durchgeführten Ritual, diesem einen bewussten Anfang und ein Ende zu setzen. Das Löschen deiner Kohle könnte somit das bewusste Ende der rituellen Handlung darstellen. Manche geben die Reste der glühenden Kohle mithilfe eines Löffels im Waschbecken unter fließendes Wasser. Ich bevorzuge es, die Kohle mit dem Sand zu löschen und nach dem Abkühlen die verräucherten Reste herauszufiltern.

Eine weitere Möglichkeit des Räucherns wäre mithilfe eines Smudge Sticks. Es handelt sich hierbei um ein längliches Kräuterbündel, in dem verschiedene Kräuter oder ein Kraut fest zu einem kleinen Stab gewickelt wurden. Wenn du ihn dann über eine Flamme hältst, beginnen die Kräuter zu glühen und du kannst mit dem entstehenden Rauch z. B. einen Raum reinigen. Gehe dafür in alle Ecken und fächere den Rauch dort hin. Versuche ihn sorgfältig zu verteilen, achte aber darauf, dass ein Smudge Stick, vor allem, wenn er recht locker gebunden ist, eventuell verbrannte Stückchen der Kräuter verlieren kann oder Funken fliegen können.

Es gibt auch noch die Möglichkeit, die Seele einer Pflanze durch eine Räucherung auf dem Räucherstövchen sanft freizusetzen. Die Räuchermischung liegt dafür auf einem Sieb und wird durch die Hitze eines darunter stehenden Teelichts erhitzt. Der Rauch entwickelt sich langsam und subtil, sodass diese Art der Räucherung eine ganz andere Qualität mit sich bringt.

Ich lasse mein Räucherstövchen oft während einer schamanischen Reise oder Meditationen räuchern, da sich hier die Rauchentwicklung über einen längeren Zeitraum erstreckt, während man bei der Räucherkohle regelmäßig nachlegen muss, da die Räuchermischung sehr schnell verbrennt. Auch hier gilt, probiere dich achtsam aus, teste, was sich für dich gut anfühlt und deine persönliche schamanische Praxis bereichern kann.

Solltest du Allergien gegenüber bestimmten Pflanzen haben, ist es sehr wichtig, dass du das bei der Auswahl von Räuchermischungen beachtest, da natürlich auch der Rauch dieser Pflanze eine Allergie auslösen kann. Kampfer ist z. B. dafür bekannt, Reizungen hervorzurufen, auch wenn keine Allergie vorliegt. Wenn du wissentlich keine Allergiesymptome hast, aber bei einer Räucherung merkst, dass deine Schleimhäute gereizt reagieren, du husten musst oder andere Atembeschwerden auftreten, beende diese Sitzung bitte sofort und lasse anschließend durch einen Arzt oder Heilpraktiker abklären, ob eventuell eine allergische Reaktion der Grund sein könnte.

Pflanzenöle

Eine energetisch sehr hoch schwingende Möglichkeit, sich mit den Pflanzenwesen zu verbinden und ihre Kräfte als Unterstützung zu nutzen, ist die Verwendung der Pflanzenessenz. Dies können ätherische Öle, Pflanzenauszüge oder auch Pflanzenwasser wie z. B. Rosenwasser sein. Wenn Kräuter in Öl eingelegt werden und genügend Zeit und Wärme bekommen, geben sie ihre Essenz an das Öl ab. Das kennst du bestimmt aus der Küche, wo es viele verschiedene Kräuteröle zum Verfeinern der Speisen gibt. Doch sie geben dem Öl eben nicht nur ihren charakterlichen Geschmack, sondern, schamanisch gesehen, auch ihre innewohnende Weisheit und Kraft. Vielleicht erinnerst du dich beim nächsten Mal daran, wenn du deinen Salat verfeinerst.

Ätherische Öle, wie sie aus der Aromatherapie bekannt sind, kannst du bei schamanischen Ritualen einsetzen. Wähle dafür immer naturreine, hochwertige Öle aus. Es gibt verschiedene Möglichkeiten, sich auf diesem Weg der Pflanzenseele zu nähern. Da wir mit einem veränderten Bewusstsein schamanisch praktizieren, fokussieren wir uns beim Kontakt mit den Pflanzen auf alle Sinne im Außen und auf die inneren Bilder und Gefühle, die hierbei auftauchen möchten. Wir nehmen die Pflanzenwelt im schamanischen Sinn ganzheitlich wahr.

Du könntest z. B. mit einer Duftlampe oder einem Diffuser arbeiten, welche die Pflanzenessenz sanft in der Luft verteilen. Auch wäre es ein schönes Ritual, ein Vollbad zu nehmen und ein paar Tropfen der Pflanzenessenz in das Badewasser zu geben. Wenn du beim Baden die schamanische Trommel hörst und deine Augen ein paar Momente lang schließt, kannst du dich auf eine kurze, innere Reise zum Wesen der Pflanze machen. Eine anschließende Selbstmassage mit einem dafür geeigneten Pflanzenöl umhüllt dich mit der schützenden und liebenden Kraft der Pflanzenseele.

Ein solches Öl kannst du dir natürlich auch selbst herstellen, indem du ein Basisöl (z. B. Jojobaöl, Sesamöl, Kokosöl etc.) mit ein paar Tropfen ätherischen Öls mischst. Mittlerweile gern genutzt werden auch sogenannte Energiesprays, die du kaufen, aber ebenso selbst herstellen kannst. Sie bestehen aus Wasser und ätherischen Ölen und lassen sich via Sprühfläschchen schnell einsetzen, um die Energie in einem Raum oder die deiner Aura anzuheben. Bei all diesen Arbeiten mit Pflanzenölen gilt wieder zu beachten, dass bei Auftreten allergischer Reaktionen unmittelbar ein Arzt oder Heilpraktiker aufzusuchen ist bzw. du bereits vorher eventuell bestehende Allergien abklären solltest.

Die schamanische Trommel – Rhythmus der Trance

Wie du nach dem Lesen der ersten Seiten und der Durchführung deines schamanischen Spazierganges sicher bereits bemerkt hast, ist das zentrale Element der schamanischen Arbeit, sich in einen veränderten Bewusstseinszustand zu begeben bzw.

unser vorhandenes Bewusstsein zu weiten. Wir dehnen unsere sinnliche Wahrnehmung aus, um sich aller Eindrücke, die sich uns anbieten, gewahr zu werden.

Im Schamanismus ist es gängige Praxis, solch einen veränderten Bewusstseinszustand, bezeichnet als „Trance", zu erzeugen. Schamanen wechseln so vom normalen Wachbewusstsein in einen Zustand, in dem das Erleben der äußeren und inneren Welt intensiver wird. Erinnere dich zurück an deinen „schamanischen Spaziergang". Konntest du während dieser Zeit für dich Momente wahrnehmen, in denen du klarer, fokussierter, offener warst und gleichzeitig tiefenentspannt?

Der Zustand der Trance ist zeitlich begrenzt, manchmal erhaschen wir ihn nur für einen Moment, ein anderes Mal befinden wir uns in diesem Zustand über Stunden und verlieren jegliche zeitliche Wahrnehmung. Plötzlich sind drei Stunden vergangen und uns kommt es vor, als hätten wir gerade vor zehn Minuten erst die Augen geschlossen. Das liegt daran, dass der Trancezustand unsere Gehirnfrequenz verändert. Unser Geist ist in diesem Zustand hellwach, aber unser Körper befindet sich in einer tiefen Entspannung.

In unserem Gehirn treten sogenannte Theta-Wellen auf, die dem Zustand von Schlaf ähneln, jedoch „träumen" wir hierbei in einem wachen und voll bewusstem Zustand. Wenn wir schamanisch praktizieren, ermöglicht dieser Bewusstseinszustand uns eine veränderte bildhafte Wahrnehmung. Es sind innere Bilder, die sich uns zeigen. Auch andere Sinneseindrücke wie z. B. Klänge und Gerüche sind möglich.

Hast du schon einmal geträumt, dass du fliegen kannst oder plötzlich von einem Moment auf den anderen den Ort wechseln konntest, als würdest du gebeamt? Solche Wahrnehmungen können sich auch in der Trance zeigen. Dein Wachbewusstsein ist in diesem Moment jedoch immer aktiv, sodass du selbst bestimmst, wie lange du in diesem Zustand sein möchtest. Zusammenfassend bedeutet Trance für schamanisch Praktizierende, einen bewussten Traumzustand zu erzeugen, der dabei unterstützt, hinter die Fassade der Realität blicken zu können.

Viele von uns verbinden mit dem Bild eines Schamanen oder einer Schamanin eine Tierfelltrommel. Die Trommel ist wohl eines der wichtigsten schamanischen Hilfsmittel, die uns wie ein Gefährt in tiefere Zustände, eben jene Trance, führt. Schamanen wechseln im Zustand der Trance mithilfe der Trommel in die Anderswelt und treten so die innere Reise an.

Du musst jetzt aber auf keinen Fall sofort losgehen und eine Trommel für dich kaufen. Mittlerweile gibt es den Klang der schamanischen Trommel als CDs und MP3-Downloads, sodass du dich zunächst nicht auf das Trommeln konzentrieren musst. Solltest du zunehmend den Drang verspüren, selbst trommeln zu wollen, finde heraus, welche Trommelart dich anspricht. So kannst du z. B.

an einem Workshop teilnehmen, bei dem du deine eigene Trommel baust. Oder du durchstöberst diverse Shops nach einer Trommel, die dich sofort in den Bann zieht. Wichtig ist zu erwähnen, dass es mittlerweile auch „vegane" schamanische Trommeln gibt, die mit pflanzenbasiertem „Leder" hergestellt werden. Aus Erfahrung kann ich sagen, dass der Klang einer solchen Trommel den herkömmlichen in nichts nachsteht.

Wie erzeugt nun die schamanische Trommel einen Trancezustand? Die Trommel wird monoton und gleichbleibend geschlagen. Dieser gleichbleibende Rhythmus schafft es, unsere permanent strömenden Gedanken zu unterbrechen. Die Gehirnwellen können sich von einem Beta-Zustand (Alltagsbewusstsein) auf Alpha- oder Theta-Wellen, den Zustand leichter bis sehr tiefer Entspannung, umstellen. Setzt der monotone Trommelschlag aus, stellt sich unser Gehirn in kürzester Zeit wieder um auf das Wachbewusstsein.

Diese Erfahrung der Trance könntest du z. B. bereits gemacht haben, wenn du deine Lieblingsmusik laut aufdrehst und losgelöst dazu tanzt. Oft vergisst man dabei alles um sich herum und ist vollkommen präsent in seinen Bewegungen. Einige Schamanen benutzen übrigens auch Rasseln, Didgeridoos und andere Instrumente und/oder spezielle Körperhaltungen, um den Trancezustand zu aktivieren. Mich erinnert die schamanische Trommel immer an einen universellen Herzschlag, der uns verbindet und in den ich mich hineinentspannen kann. Sobald ich meine Trommel in die Hand nehme, die Augen schließe und meinen Rhythmus beginne, tauche ich ein in eine andere Welt, die mir neu, aber zu keinem Zeitpunkt fremd war.

Übung: Mit der folgenden Übung kannst du zunächst einmal ein Gespür dafür bekommen, wie du dich dabei fühlst, wenn du die schamanische Trommel hörst. Es gibt Tonaufnahmen mit schnel len oder sehr langsamen Trommelschlägen. Nimm dir zunächst ein wenig Zeit, um verschiedene Aufnahmen einer schamanischen Trommel zu recherchieren. Ein langsamer Trommelschlag bringt dich auch langsam in eine tiefe Entspannung, während ein sehr schneller Trommelschlag geradezu in eine Ekstase führen kann, ein Zustand, in dem sich das Ich-Bewusstsein regelrecht auflöst. Wie bei einem Musikstück wirst du schnell merken, welche Art von Trommel und Rhythmus am besten zu dir passt. Wenn du mit deiner Auswahl zufrieden bist, nimm dir eine ungestörte Auszeit von etwa zehn Minuten. Ich empfehle dir, den Trommelrhythmen über Kopfhörer zu lauschen, da es dem eigenständigen Trommeln von der Akustik her näher kommt. Mache es dir dafür bequem, indem du dich entweder flach auf den Rücken legst oder in einen Sessel setzt, und schließe die Augen. Lass die Trommel nun auf dich wirken, lausche ihr und erforsche dich selbst in dieser Zeit. Nimm wahr, ob Gefühle oder Bilder auftauchen. Du musst sie nicht bewerten, fühle sie, beobachte sie, als wären sie vor dir auf einer großen inneren Leinwand. Wenn die Trommelmusik beendet ist, spüre noch einen kurzen Moment mit geschlossenen Augen nach. Wenn du möchtest, mache dir anschließend ein paar Notizen in einem Journal, teile deine Erlebnisse mit anderen oder bleibe einfach bei dir und deiner neuen Erfahrung. Diese Übung kannst du natürlich jederzeit wiederholen, da sie sich auch sehr entspannend auf dein gesamtes Nervensystem auswirken kann.

Tipp: Viele Menschen sind oft enttäuscht, wenn sie bei solchen Übungen überhaupt nichts wahrnehmen. Sollte es bei dir auch so sein, bitte ich dich, dir unbedingt den Druck zu ersparen, bei schamanischer Arbeit Leistung erbringen zu müssen. Wie bereits erwähnt, ist Schamanismus ein Erfahrungsweg, der sich eben auf absolut unterschiedliche Weise bei jedem Einzelnen zeigt. Vielleicht ist dann gerade dein Entwicklungsfeld, zuerst deine Wahrnehmung zu verfeinern, zu stärken und zu schulen. Beginne zunächst damit herauszufinden, welche äußeren Einflüsse dich tagtäglich ablenken und deine Aufmerksamkeit bündeln. Du könntest dadurch bewusst damit beginnen, deinen Konsum zu überdenken, sei es bei Lebensmitteln oder Medien etc. Im Übrigen gibt es viele Wege, wie sich Trancezustände erzeugen lassen, und ebenso viele Wege, gemachten Erfahrungen Ausdruck zu verleihen. So kann es z. B. sein, dass dein Medium das Schreiben oder Malen ist. Probiere es aus, indem du zehn Minuten den Trommeln lauschst und währenddessen deine Hand den Stift über das Papier führen lässt, ohne sie bewusst zu lenken. Entdecke, was da aus dir raussprudeln möchte. Bleib neugierig und offen für all die Prozesse, die sich hier anbahnen. Du weißt ja, dass es im Schamanismus darum geht, uns selbst und unsere wahre Natur besser kennenzulernen. Auch diese Situation wird dir Aufschluss geben über dich selbst und dich dazu veranlassen, neue Wege und für dich passende Lösungen zu finden, sodass du selbstverantwortlich Methoden anpasst, statt du dich einer Methode. Letztendlich hast du immer die Möglichkeit, dich mit Experten auszutauschen und z. B. eine Schamanin oder einen Schamanen vor Ort aufzusuchen, der dich auf deinem Prozess persönlich begleitet.

Schamanische Aufstellungsarbeit – das Medizinrad

Du hast vielleicht schon von Aufstellungsarbeiten im therapeutischen Bereich gehört, wie z. B. der Familienaufstellung oder systemischen Aufstellung, welche u. a. die Beziehungsebenen analysieren. Diesen Methoden liegt eine therapeutisch-psychologische Betrachtungsweise zugrunde und sie werden von entsprechend ausgebildeten Therapeuten durchgeführt.

Die schamanische Aufstellungsarbeit hingegen verbindet Elemente der klassischen Aufstellungsarbeit mit dem schamanischen Weltbild und setzt den Schwerpunkt auf die innerseelische Situation eines

Menschen. So ist der Ausgangspunkt immer die aktuelle, individuelle Situation, von der ausgehend sich mithilfe der Aufstellungstechniken die Seele und ihre Ausprägung in der realen Welt in Form von Persönlichkeitsmerkmalen angesehen werden.

Ich hatte dir bereits das Konzept des Seelengartens vorgestellt. Er bildet all die inneren Anteile ab, mit denen unsere Seele mit uns kommuniziert, sich als deine Persönlichkeit zum Ausdruck bringt. Mithilfe schamanischer Aufstellungsarbeit können wir jene Anteile herausfinden, die gerade mehr Unterstützung brauchen. Das erfordert natürlich Mut, sich seinem Thema zu stellen und aktiv hinzusehen.

Im Schamanismus gibt es sehr viele unterschiedliche Methoden der Aufstellung, und jeder Schamane bzw. schamanisch Praktizierende entwickelt aus seinen Erfahrungen heraus weitere Möglichkeiten und verbindet diese evtl. wiederum interdisziplinär. Eine sehr bekannte und gängige Methode ist die Arbeit mit dem Medizinrad. Auch hier ist zu erwähnen, dass es, je nach Tradition, unterschiedliche Darstellungen gibt, die Essenz jedoch immer die gleiche bleibt. Ich möchte dir hier eine Möglichkeit vorstellen.

Doch wie sieht ein Medizinrad überhaupt aus? Zunächst einmal ist das Medizinrad eine Art Symbol für Wandel, den Verlauf des Lebens und dafür, dass wir in dieser stetigen Veränderung alle miteinander verbunden sind. Wenn du die Natur betrachtest, erkennst du, dass alles bestimmten Zyklen unterliegt, die sich immer wiederholen wie z. B. die Jahreszeiten, der Mondzyklus, Ebbe und Flut, Geburt-Tod-Wiedergeburt usw.

Die Vorstellung, die dem schamanischen Weltbild zugrunde liegt, ist, dass Zeit eben nicht linear voranschreitet (Vergangenheit – Gegenwart – Zukunft), sondern sich als ein Zyklus zeigt, der wiederum aus Zyklen besteht. Alle Seelen auf dieser Welt, ob Mensch, Tier, Pflanze oder Gegenstand, durchleben diese Abläufe der Veränderung, immer wieder. „Nichts ist so beständig wie der Wandel“, stellte schon der griechische Philosoph Heraklit vor 2500 Jahren fest. Und wenn wir unser eigenes Leben, das der anderen und die Welt als Ganzes betrachten, wird uns klar, dass gerade das unser Potenzial für Entwicklung sein kann.

Die Zyklen sind unsere Lehrmeister und helfen uns immer wieder aufs Neue, das Annehmen und Loslassen zu trainieren. Trauerst du z. B. dem Sommer nach, wenn sich gerade die ersten Blätter am Baum verfärben? Die Trauer entsteht erst dann, wenn wir nicht loslassen wollen; er soll noch bleiben, dieser warme Sommer mit all den schönen Erlebnissen. Doch verpassen wir durch die verwehrte Annahme des Neuen vielleicht nicht die Schönheit und das Wachstumspotenzial eines nächsten Zyklus?

Das Loslassen beschert uns Raum für dieses Neue, wenn wir bereit sind, das Alte freizugeben. Das Medizinrad ist im Schamanismus eine Möglichkeit, diesen Zyklen auf den Grund zu gehen und Fragen an das Leben zu stellen. In Zusammenarbeit mit der eigenen Seele kann man so Klarheit erlangen und Lösungswege finden.

Ein Medizinrad kann in einem Raum oder in der Natur mit Materialien ausgelegt oder auch auf einem Blatt Papier aufgezeichnet werden. Wenn du mit dieser Form der schamanischen Aufstellungsmöglichkeiten arbeiten möchtest, kannst du für dich ein sehr heilsames Energiefeld erzeugen, das mit jeder weiteren Aufstellung sogar noch stärker wird. Du hast die Möglichkeit, in einem Medizinrad bestehende Blockaden aufzuspüren und sie aufzulösen, damit die Energie wieder frei fließen kann. Das Schöne an dieser Art der schamanischen Arbeit ist, dass du sie vollkommen selbstständig und unabhängig durchführen kannst, denn du brauchst dafür niemanden, der dich anleitet, sobald du das System verstanden hast. Es baut sich wie folgt auf:

Der Mittelpunkt: Der Mittelpunkt des Kreises steht für die Einheit mit allem, deine Essenz, deine Seele und dein Höheres Selbst, den göttlichen Funken in dir und die Selbsterkenntnis. Hier zeigt sich alles in einem Punkt, in dem, wenn du in diesem Zustand bist, dir alle Abläufe in deinem Leben und in der Welt klar werden. Ein Allwissen und eine bedingungslose Liebe zu allem stellen sich ein. Es ist der Zustand der vollkommenen Präsenz und Verbindung, die keine Bewertung und Zeiteinteilung mehr benötigt. In anderen spirituellen Traditionen könnte man diesen Zustand mit „Erleuchtung" beschreiben.

Der Kreis: Der Kreis spannt den Raum auf, in dem der Mensch sich bewegt. Hier zeigt sich die Entwicklung und Persönlichkeit des Menschen, wie sie sich in diesem Leben ausprägen.

Das Oben und Unten: Außerhalb des Kreises gibt es die Orientierung nach oben und unten. Eine senkrechte Linie die die Zweidimensionalität, die Dualität, das weibliche und männliche Prinzip, darstellen soll. Das Unten steht für die weibliche, nährende, realisierende Kraft von Mutter Erde, die Urenergie der Schöpfung. Das Oben in Polarität dazu zeigt die männliche, aktivierende Schöpferkraft, die Urquelle, die den Gedanken allen Seins zuerst hervorbringt. Wir Menschen stehen mit beiden Beinen auf der Erde, sind geerdet und gleichzeitig Verbunden mit dem Himmel, unserem göttlichen Ursprung. Im Schamanismus wird das Unten als „Mutter Erde" und das Oben als „Vater Sonne" oder „Vater Universum" bezeichnet.

Die vier Himmelsrichtungen: Der Kreis, also sozusagen die Plattform, auf der sich unser Leben in all seinen Facetten zeigt, unterteilt sich in vier Quadranten entsprechend den Himmelsrichtungen. Sie stellen die vier Bereiche des menschlichen Daseins auf Seelenebene dar, die sich Heilung wünschen, um zum Mittelpunkt des Kreises, im Zustand einer befreiten Seele heraus, leben zu können.

Der **Osten** steht für das Herausfinden der eigenen Lebensaufgabe. Denn wenn das „Warum“ im Leben fehlt, fehlen oft auch die Motivation und ein Ziel, das man zukünftig erreichen möchte. In der Aufstellungsarbeit mithilfe des Medizinrads können wir mehr darüber erfahren, was unser Lebenssinn ist, und dort vorherrschende Erkenntnisblockaden lösen. Es geht darum, Neues zu lernen und sich im Laufe des Lebens zu entwickeln, immer mehr in Richtung Selbstbewusstsein. Der Osten ist mit dem Element Luft verbunden, das helfen möchte, mehr mentale Klarheit zu erlangen, um seinen eigenen Weg gehen zu können. Das Leben setzt sich zusammen aus den Zyklen des Neubeginns und Loslassens. Der Sonnenaufgang im Osten zeigt uns täglich, dass auf jede dunkle Phase wieder die Chance eines neuen Tages, eines neuen „Lernzyklus“, beginnt.

Der **Süden** symbolisiert hierbei die Vergangenheit. Alles, was wir in ihr erfahren haben, ist hier gespeichert und beeinflusst unser jetziges Leben im positiven, aber ebenso im negativen Sinne. Zeigt sich im Medizinrad der Quadrant des Südens, kann es sein, dass es darum geht, entstandene Traumen der Vergangenheit jetzt genau zu betrachten und in Heilung zu bringen, damit dieser Zyklus abgeschlossen und ein neuer beginnen kann. In anderen Traditionen steht dieser Bereich des Medizinrades auch für die Phase unseres Lebens, in der wir in unsere volle Kraft kommen, sozusagen in der Blüte unseres Lebens sind. Daher wird dem Süden das Element Feuer zugewiesen. Hier lodert das Feuer der Emotionen und Gefühle, des Willens und der Umsetzungskraft.

Die Himmelrichtung **Westen** steht im Medizinrad für die Zukunft. Sie bringt für viele von uns das unbehagliche Gefühl der Unwissenheit mit sich. Daraus können Ängste entstehen, die sich in diesem Quadranten zeigen können. Für uns Menschen stellt vor allem die Auseinandersetzung mit dem Tod eine große Herausforderung dar, denn es ist gewiss, dass er sicher in der Zukunft geschehen wird, aber das Wann und Wie erzeugt in uns oft die größte Sorge, sodass wir dieses Thema am liebsten verdrängen möchten. Betrachten wir diesen Bereich des Medizinrades, stellt die Himmelsrichtung Westen die Phase der Reflexion über unser bisheriges Leben dar. Wichtige Fragen können sein: Was wurde erkannt? Was wurde versäumt? Wohin hat uns all das geführt? Was kann ich daraus für meinen weiteren Lebensweg lernen? Jetzt ist es wichtig, der Seele zuzuhören, loszulassen und Ängste liebevoll zu heilen. Dem Westen wird das Element Wasser zugeordnet, das reinigend und liebend die nächste Lebensphase vorbereitet.

Im **Norden** zeigt sich das Kraftfeld unserer Ahnen, denn unsere Herkunft bildet ein sehr mächtiges Energiefeld. Alles, was in den vergangenen Generationen geschehen ist, hat noch heute Einfluss auf unser Leben. Blockaden in der Ahnenreihe können unsere Energie schwächen. Fließt die Energie des Ahnenkraftfeldes jedoch frei, kann es uns unterstützen und die Weisheit der uns vorangegangenen Familien unser Leben bereichern. Dieser Quadrant steht demnach für das Erlangen von Weisheit und dem Profitieren und Weitergeben der eigenen Lebenserfahrung. Der Himmelsrichtung Norden wird das Element Erde zugeordnet. In dieser tiefen Verbindung können wir uns vertrauensvoll fallen lassen.

Übung: Nachdem du das Medizinrad nun ein wenig kennengelernt hast, kannst du mit dieser ersten kleinen Übung versuchen, eine Verbindung dazu aufzubauen. Du musst dafür kein Medizinrad in deinen Garten oder in deinem Wohnzimmer legen. Wenn dich das Thema jedoch interessiert, beschäftige dich noch ausführlicher mit entsprechender Literatur damit und beginne, auf deinen schamanischen Spaziergängen Steine für ein Medizinrad zu sammeln. Es gibt Schamanen und schamanisch Praktizierende, die sich ein Medizinrad sogar fest im Garten eingegraben haben und dort regelmäßig Aufstellungsarbeiten durchführen. Das Energiefeld wird dadurch immer stärker und lädt sich mit heilender Energie auf. Bedenke, dass es verschiedene Möglichkeiten gibt, ein Medizinrad zu legen und auch zu interpretieren. Achte daher auf deine Intuition und innere Eingebung, die dir sicherlich zeigen wird, welche Art von Medizinrad für dich den meisten Nutzen bringt.

Für den ersten Kontakt kannst du dir ein Medizinrad auf ein Blatt Papier aufzeichnen, oder, wenn du es aufwendiger magst, auch auf einer größeren Papierrolle arbeiten und die einzelnen Quadranten schön gestalten. Ich stelle dir hier eine sehr einfache Möglichkeit des Aufzeichnens vor:

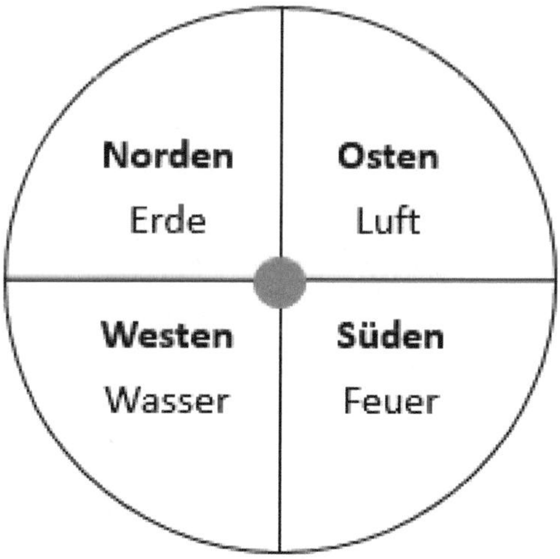

Du kannst jetzt beginnen, schon einige der Elemente, die du gelernt hast, zu verbinden. Bereite die Arbeit mit dem Medizinrad vor, indem du einen passenden, ruhigen Ort wählst. Wieder gilt: Nimm dir Zeit, stelle Störfaktoren wie z. B. das Handy aus und setzte dich nicht unter Druck, sondern beobachte und genieße den Prozess. Es besteht die Möglichkeit, im Medizinrad mit kleinen Steinen zu arbeiten, oder du benutzt deinen Stift, um Kreuze zu machen. Hast du bei deinem „schamanischen Spaziergang" vielleicht Steine gefunden, die zu dir wollten, dann kannst du sie bei dieser Aufstellungsarbeit einsetzen.

Im Hintergrund ertönt die schamanische Trommel, die dir hilft, deinen Fokus auf die Aufstellungsarbeit zu lenken. Wenn du dich bereits mit Räucherungen und Pflanzenölen beschäftigt hast, kannst du diese in das Ritual mit einbauen und z. B. dein Räucherstövchen anmachen. Richte dein Medizinrad jetzt so aus, dass die Himmelsrichtungen in die entsprechende Richtung zeigen. Schließe nun kurz die Augen und bitte bewusst um Unterstützung und Schutz für diese Arbeit mit dem Medizinrad. Du kannst die Pflanzenseele deiner Räucherung bitten, einen lichtvollen Schutz um dich herum zu bilden und dir mit ihrer Weisheit zur Seite zu stehen. Es ist ebenfalls möglich, Engel oder Krafttiere zu bitten, dir jetzt zur Seite zu stehen. Zusammen wird ein Energiefeld aufgebaut, in dem darauf vertraut wird, dass Heilung möglich und spürbar ist.

Jetzt ist es an der Zeit, dass du deine Frage stellst. Versuche sie so klar wie möglich zu formulieren. Am besten in einer Form, dass sie nicht lediglich durch „Ja" oder „Nein" beantwortet werden kann. Eine Frage könnte z. B. sein: „Was kann mir aktuell helfen, um mehr in meine Kraft für ein bestimmtes Projekt zu kommen?" Du kannst deine Frage laut aussprechen oder innerlich kommunizieren. Deine Frage wird von deiner Seele und allen dich umgebenden und unterstützenden Kräften gehört.

Öffne nun die Augen und bitte darum, dass dir die Ursache gezeigt wird, in diesem Beispiel die Ursache des Kraftmangels. Wenn du ein kleines Steinchen hast, lege es vor den Quadranten Osten und lasse es hier „eintreten“. Wenn du es mit einem Stift oder Pendel machst, verfahre ebenso. Jetzt geht es ums Spüren. Wohin zieht es dich im Medizinrad? Fahre die einzelnen Quadranten mit dem Steinchen ab und verweile dort ein wenig. Nach einiger Zeit könntest du ein Gefühl dafür erhalten, welcher Platz dafür im Medizinrad bestimmt ist. Du kannst auch mehrmals durch die Quadranten wandern, um dein Gefühl noch einmal zu bestätigen. Wenn du mit dem Stift arbeitest, mache ein Kreuzchen auf dem Papier, ansonsten lasse dein Steinchen liegen.

Nimm dir jetzt ein zweites Steinchen und bitte darum, dass es dir einen Lösungsweg zeigen soll. Lass es wieder über den Ostquadranten in das Medizinrad eintreten und durch die Felder wandern. Am Ende liegt es an dem Platz, der einen möglichen Schlüssel für die Lösung eines Problems darstellen kann.

Sieh dir jetzt die beiden Positionen genauer an. In welchem Quadranten liegt der Ursprung deines Anliegens? Die Erklärungen zu den einzelnen Bereichen und den Elementen können dir dabei helfen, für dich eine Interpretation zu finden. Noch wichtiger ist jedoch, was du in dir spürst, wenn du dich mit diesem Ort im Medizinrad verbindest. Verfahre genauso mit dem zweiten Steinchen, das dir eine Lösung vorschlagen möchte. Du kannst dir zwischendurch, wenn es für dich hilfreich ist, all deine Erkenntnisse notieren.

Wenn du das Gefühl hast, verstanden zu haben, was dir das Medizinrad sagen will, kannst du im letzten Schritt einen energetischen Heilimpuls geben. Nimm das Steinchen, das dir eine Lösung aufzeigen möchte, und setze es auf den Punkt in der Mitte. Hier lädt es sich sozusagen auf mit all der positiven Kraft, Weisheit und Liebe, mit der Urkraft allen Seins. Du kannst währenddessen auch die Augen schließen und diese lichtvolle Energie visualisieren. Wandere anschließend mit diesem Stein zu dem Stein des Ursprungs und ersetze ihn durch den Lösungsstein. Die heilende Energie darf nun an diesen Ort strömen und die vorherrschenden Blockaden auflösen. Solltest du mit dem Stift gezeichnet haben, verbinde die drei Punkte mit einem Pfeil, ausgehend vom Kreuz der Lösung Richtung Mitte und von dort zum Ursprung.

Schließe die Aufstellungsarbeit im Medizinrad erst vollständig ab, wenn du ein positives Gefühl gegenüber deiner anfänglichen Frage hast. Ansonsten wiederhole den Prozess noch einmal in den kommenden Tagen. Lasse das Medizinrad mit den Steinen einfach so lange stehen. Erst zum Abschluss verlassen beide Steine das Medizinrad über den Quadranten des Nordens und werden durch eine Räucherung und mithilfe des Elements Wasser gereinigt. Bedanke dich zum Schluss noch bei allen dich unterstützenden Kräften, spüre ein wenig nach und lasse das Ritual los. Beobachte in der nachfolgenden Zeit, was in deinem Leben geschieht. Triffst du plötzlich neue Menschen, die dich in einem bestimmten Bereich unterstützen können? Siehst du zufällig eine Reportage, die dir neue Sichtweisen liefert? Interessiert dich auf einmal ein Buch, das schon lange in deinem Regal steht, aber dich vorher nicht gerufen hatte? Folge deinen Impulsen und entdecke die sich entwickelnde Kraft der Aufstellungsarbeit im Medizinrad. Oft ist es schön und hilfreich für Reflexionen, sich Notizen in einem kleinen Büchlein zu machen, um die Transformation sichtbar werden zu lassen. Es ist ein Prozess des Kennenlernens und Ausprobierens, bei dem ich dir sehr viele einsichtsvolle Momente wünsche.

Soulconnection – verbindende Rituale

Warum praktizieren wir Menschen schon seit jeher Rituale? Die Erkenntnis, dass alles Eins ist, hatten bereits unsere Vorfahren. In allen Bereichen der Welt entwickelten sich Völker, die die natürliche Kraft des Lebens in allem sahen und ehrten und das in Form von Gebeten, Festen und Ritualen. Wenn nun alles eine Seele hat, kannst du als Seele auch mit allem in Kontakt treten. Das Wissen um die Beseeltheit und die Einheit ist vielleicht über viele Jahre verschüttet worden in unserer hoch modernisierten Welt, jedoch nicht verloren gegangen, denn es sind unsere Wurzeln und wir können es wieder in unser Leben integrieren.

Schamanische Rituale in den Alltag zu integrieren, kann eine sehr bereichernde Erfahrung sein. Rituale lassen dich im Jetzt ankommen, halten die Zeit für einige Momente an. So finden wir zurück zur Seele, verbinden uns und erkennen unsere Wurzeln und unser Potenzial. Es ist ein Weg zurück zum Selbst, vor allem, wenn wir gerade auf dem Weg sind, uns besser kennenzulernen, und wir beginnen, unser Leben in allen Bereichen an unser wahres Selbst anzupassen. Das gibt uns Sicherheit, wir wissen, was wir brauchen, und auch, was wir geben können, sodass Räume und Energien für Glück, Freude und Liebe frei werden. Wenn wir spüren, dass wir mit allem um uns herum verbunden sind, empfinden wir keine Trennung mehr und damit keine Einsamkeit, keine Bedrohung und letztendlich keine Angst mehr.

Rituale, z. B. zum Schutz, nutzten die Menschen schon immer, um sich nicht nur mit physischer Kraft, sondern energetischer Energie zu verteidigen bzw. Angriffe erst gar nicht entstehen zu lassen. Rituale wollen uns helfen, unsere eigene Kraft zu stärken, uns energetisch auszudehnen und unserem Verstand Signale zu senden, dass es möglich ist, gelassener an Situationen und Personen heranzugehen, die uns vermeintlich zunächst Angst machen oder uns Unwohlsein bringen. Wir alle wollen uns sicher fühlen und halten die Sicherheit fest, so gut wir können, um nicht gestört zu werden in unserer mühsam errichteten Harmonie.

Du hast es sicher schon erlebt, wie z. B. bereits ein Wort einer Person dich aus dem Gleichgewicht bringen kann, deinen Frieden stört. Doch wäre es fatal, nun Mauern zu errichten, sich zurückzuziehen und in die Vermeidungshaltung zu gehen, um ja nicht angegriffen zu werden und dieser fremden Energie wieder ausgeliefert zu sein. Daher möchten uns die schamanische Rituale helfen, sich mit unserer Seele zu verbinden, unseren eigenen Energieraum aufzubauen und auszuweiten, da dieser viele unliebsame Angriffe auf Abstand halten kann und sie daher oft gar nicht erst bis zu uns vordringen können. Wir wollen demnach unseren Lebensraum nicht durch

Angst kleiner machen, sondern ihn vergrößern und mit positiven Energien füllen.

Regelmäßig durchgeführte Rituale ermöglichen uns, mit unserer Kraft, unserem Energiefeld zu experimentieren und, statt ängstlich, nun mit Neugierde an Situationen und Personen heranzutreten. Wir fühlen uns nicht mehr passiv und ausgeliefert, sondern werden stark und gestalten unser Leben aktiv. Wir beginnen, Verantwortung zu übernehmen für unseren Körper, unseren Geist und unsere Seele. Dabei können wir nichts falsch machen, im Gegenteil, wir dürfen uns mit unseren Wurzeln verbinden und uns leiten lassen, spielerisch passende Rituale für uns zu finden, die wir wirklich vom Herzen her ausführen möchten.

Du fragst dich vielleicht, wie ein durchgeführtes Ritual energetisch wirksam werden kann? Nun, du gibst deinem Ritual die Bedeutung und den Rahmen durch deine innere Haltung, deine Verbindung und deine Hingabe. Du hauchst ihm sozusagen das Leben ein, spürst die Energie und Beseeltheit der genutzten Gegenstände, der Zeit und des Raums und erlaubst dir, in diesem Moment präsent zu sein.

Frage dich zunächst selbst: Was in meinem Leben tut mir richtig gut? Welche Personen schätze ich in meinem Leben und warum? Welche Beziehungen geben mir Energie und Freude? Welche Tätigkeiten füllen meine Batterien regelrecht auf? Spüre hinein in diese Vorstellung der Fülle.

Stell dir dann entgegengesetzt ebenfalls die Frage: Was in meinem Leben tut mir nicht gut? Welche Personen würde ich am liebsten aus meinem Leben fernhalten und warum? Welche Beziehungen rauben mir Energie und Freude? Welche Tätigkeiten lassen mein Energieniveau sinken? Spürst du auch diese Energie des Mangels?

Wenn du dir erst einmal bewusst wirst, wie deine Energie zu dir fließen kann und/oder auch wieder durch negative Einflüsse abfließt, kannst du bereits bewusst gezielt beginnen, deine Grenzen zu setzen oder auszuweiten, energetisch gesehen durch Rituale, aber auch sehr real in deinem Leben durch Konsequenzen. Schamanische Rituale lassen eine Verbindung zwischen der energetischen Ebene und der weltlichen Ebene entstehen und formen Veränderungen, die dann auch in unserer Realität Auswirkungen zeigen können. Setze deinen Fokus auf die energetisierenden Faktoren deines Lebens, damit diese wachsen und gestärkt werden können durch deine Ritualarbeit.

Rituale wurden früher für einen bestimmten Zweck teilweise über mehrere Tage hinweg durchgeführt. Auch der Vor- und Nachbereitung wurde intensiv Zeit gewidmet. Rituale erhalten demnach ihre Intensität und Wirkung auch dadurch, dass du ihnen Zeit schenkst, sie wiederholst und die Ritualenergie kontinuierlich auflädst.

Übung: Zur Vorbereitung für Rituale lege für dich einen Ort in deinem Wohnbereich oder in der Natur fest, an dem du sie möglichst ungestört durchführen kannst. Wenn du immer den gleichen Ort dafür wählst, lädt er sich zunehmend mit deiner ausgedehnten Energie auf, sodass du schneller und leichter in den Zustand der Harmonie, Verbindung und Freude gelangen kannst. Es ist dein Platz, deshalb gestalte ihn nach deinen Wünschen mit z. B. Steinen, Räucherwerk, Blumen, Naturmaterialien, Bildern etc. Eine Möglichkeit zum bequemen Sitzen (z. B. Sitzkissen, Decke, Stuhl) solltest du vorher ausprobiert haben, sodass du dich während der Ritualzeit nicht mehr darum kümmern musst und dich entspannen kannst. Ich persönlich habe sehr positive Erfahrungen mit verschiedenen Naturmaterialien gemacht, die dich während des Rituals unterstützen können. Du kannst daher zur Vorbereitung von Ritualen einen schamanischen Spaziergang machen und Steine, Hölzer, Federn etc.

sammeln oder deine schon vorhandenen Lieblingsgegenstände an deinen Ritualplatz legen.

Rituale wirken besonders kraftvoll, wenn wir möglichst viele Sinne miteinbeziehen. Durch das Fühlen und Sehen schöner Bilder, Naturmaterialien und Kristalle helfen wir unserem Geist, Körper und unserer Seele bereits, wieder Kontakt mit uns und den unterstützenden Kräften aufzunehmen. Töne und Düfte erweitern dies noch und helfen dir, deinen Ritualort energetisch zu reinigen und aufzuladen. Instrumente (Trommel, Rassel, Kalimba etc.), Räucherstäbchen, Duftöle usw. können in die Ritualarbeit integriert werden und zaubern einen wunderschönen Rahmen für deine Ritualzeit. Folge hierbei deinen inneren Impulsen, die durchaus, je nach Stimmung und Thema, variieren können.

Was solltest du grundsätzlich bei der Durchführung schamanischer Rituale beachten?

1. Versuche, die Zeit für das Ritual zu deiner Zeit zu machen, die ohne Störungen verlaufen möchte. Triff hierfür Vorkehrungen (Handy auf Flugmodus, Klingel aus, Personen im Haushalt informieren oder miteinbeziehen ...)
2. Da es kein Richtig und kein Falsch, sondern nur ein Passend gibt, ist das nachfolgend vorgeschlagene Ritual ein von mir gegebener Impuls, der jederzeit durch dich angepasst und/oder erweitert werden kann. Werde kreativ, erspüre, was DU brauchst! Gehe spielerisch, mit Neugierde und Freude an die Ritualarbeit heran.
3. Wenn du mit dem Element Feuer arbeitest (Kerzen, Räucherungen etc.), achte unbedingt auf die Sicherheit an deinem Ritualplatz, lösche alles, bevor du ihn verlässt, bewusst und gewissenhaft.

4. Das Ritual ist ein Geschenk, das du dir selbst machst. Ein Geschenk an Energetisierung, Verbindung und Zeit. Versuche, Zeitdruck oder Erwartungshaltungen vorher abzugeben und immer mehr in die Hingabe zu kommen, die Hingabe an den Moment und deine Intention für das Ritual.
5. Wenn du Naturmaterialien für dein schamanisches Ritual benutzt, achte darauf, dass sich diese Materialen dir „anbieten", sich dir „zur Verfügung" stellen. Frage nach, ob z. B. der Stein dir dabei helfen möchte und kann, bevor du ihn einsteckst und mitnimmst. Du weißt ja, alles hat eine Seele. Erspüre bitte, ob es sich gut anfühlt, den Stein mitzunehmen, lass ihn bei Unsicherheit lieber liegen. Manche Steine möchten gerne an ihrem Ort bleiben und verweigern sich rituellen Handlungen sehr bewusst. Gleiches gilt für andere Materialien aus der Natur wie z. B. Pflanzen, Hölzer, Schneckenhäuser, Knochen etc.
6. Natürlich gibt es ethische Grundregeln. Dein Ritual dient deiner persönlichen, positiven Entwicklung. Es ist nicht angebracht, während eines solchen Rituals Schuld oder negative Gedanken an dich selbst oder andere Personen, die dich vielleicht verletzt haben oder deine Grenzen überschritten haben, zu senden. Nutze die Möglichkeit, aus dem Rollenspiel Täter-Retter-Opfer auszusteigen und in deine eigene, wahre Verantwortung zu kommen, und akzeptiere, dass auch andere Seelen das für sich selbst machen müssen.

Ein Ritual kann etwa 20 bis 30 Minuten, inklusive Vor- und Nachbereitung, deiner Zeit in Anspruch nehmen. Du hast aber immer die freie Entscheidung, Rituale länger auszudehnen oder kürzer anzusetzen.

Vorbereitung: Es ist wichtig, die energetische Schwingung an diesem Platz und deine eigene zu reinigen, Platz zu schaffen, einen Schutz aufzubauen und sich danach durch das Ritual positiv und kraftvoll aufzuladen. Meine Anleitung zur Vorbereitung solltest du jeden Tag vollziehen, bevor du dein Ritual durchführst. Du kannst sie direkt so übernehmen, hast aber natürlich immer die Möglichkeit, sie nach deinem Gefühl an deine Ritualarbeit anzupassen.

Schritt 1: Nimm Kontakt zu deinem Platz auf. Setze dich hin, betrachte, berühre, atme tief ein und aus und komme ganz bewusst hier an. Du kannst innerlich oder laut deinen Ritualplatz begrüßen, z. B. mit: „Ich bin da, jetzt, in diesem Moment, und schenke mir selbst meine volle Aufmerksamkeit."

Schritt 2: Öffne deine Energiekanäle durch Musik oder Rhythmen (schamanische Trommel, Rassel, Musik deiner Wahl). Spüre dieses Bad in den Klängen und, wie sie deine Energie und die des Raumes in Bewegung versetzen.

Schritt 3: Nutze Räucherungen und/oder Duftöle, um deine Energiekanäle, deine Ritualgegenstände und deinen Ritualplatz zu reinigen und zu energetisieren. Verteile den Rauch bzw. den Duft mithilfe deiner Hand oder einer Feder sehr bewusst mit der Intention: „Mein Raum ist rein, geschützt und voller Energie."

Schritt 4: Baue deinen Schutzkreis auf, indem du Naturmaterialien (z. B. Steine, Hölzer, Blätter, Kristalle etc.) in einen Kreis um dich legst. Spüre dabei kurz jeden Gegenstand in deiner Hand, du kannst ihn auch kurz an dein Herz halten, und lege ihn dann an den für ihn richtigen Ort.

Schritt 5: Eröffne das Ritual mit einer inneren Absicht, die wohlwollend und liebevoll ist. Du kannst eine Intention formulieren wie

z. B.: „Ich gebe jetzt meine Aufmerksamkeit, Energie und Liebe in dieses Ritual, damit es meinem und dem Wohl anderer diene."

Rituale: Nachdem du dich vorbereitet hast, möchte ich dir anschließend fünf kurze Rituale vorstellen, die du für dich durchführen kannst, um erste Erfahrungen mit schamanischer Ritualarbeit zu machen.

Mond-Wasser-Ritual

Die Kraft des Mondes ist sehr stark, sodass du sie nutzen darfst, um durch Reinigung Altes loszulassen. Noch verborgene Energien können dadurch befreit werden und sich ausdehnen. Die Verbindung zu dir selbst wird wieder freigelegt. Der Mond wird dem Element Wasser zugeordnet. Dieses Element bringt dich in Verbindung mit deinen Emotionen und auch mit deiner Seele und Spiritualität. Zudem besitzt Wasser die Möglichkeit, feinstoffliche Informationen zu speichern und abzugeben (siehe: Masaru Imoto).

Die Kraft des Mondes zeigt sich darin, dass er durch seine Stärke sogar das Meer in Bewegung versetzen kann. Ebbe und Flut entstehen. Auch wir selbst, unser Körper, bestehen zu einem Großteil aus Wasser, sodass wir diese kraftvolle Energie spüren und nutzen können, um uns auszudehnen und das silbrige Licht des Mondes nach außen scheinen zu lassen. Die Kraft des Mondes und des Elements Wasser helfen uns, Klarheit in unser Denken zu bringen, unsere Bedürfnisse zu visualisieren und unsere Kräfte, selbst verborgene, wieder zu aktivieren.

Bereite dir für dieses Ritual ein Glas Wasser vor und stelle es vor dich in deinen Schutzkreis. Beginne dann, dir das Ritual durchzulesen und es in deinem Tempo nachzuvollziehen. Trinke an diesem Tag ausreichend Wasser, um den Prozess der Reinigung bewusst einzuleiten und zu unterstützen. Wenn du möchtest, kannst du heute noch ein schönes Bad oder eine Dusche genießen und dich auch äußerlich mit dem Element Wasser verbinden. Verknüpfe hier das Wasser mit der Vorstellung von dem silbrig scheinenden Licht des Mondes.

Ritualdurchführung:

Du sitzt nun an deinem vorbereiteten Ritualort in deinem Schutzkreis. Dein vorbereitetes Glas Wasser steht vor dir in diesem Kreis. Betrachte zunächst die klare Flüssigkeit in deinem Glas, ihre Reinheit und Klarheit. Das Element Wasser hat die Fähigkeit, dich zu stärken und zu reinigen, innerlich wie äußerlich. Es bringt Dinge zum Fließen, starr Gewordenes gerät wieder in Bewegung und trägt hinfort, was dir nun nicht mehr dient. So schaffst du Platz für Neues und Frisches in deinem Körper und damit auch in deinem Leben.

Lege nun die Hände über dein Wasserglas oder halte es in deinen Händen. Schließe sanft die Augen. Lasse jetzt in deiner Vorstellung in der entstandenen Dunkelheit ein Licht erscheinen. Zuerst ist es vielleicht nur ein Lichtstrahl, die Sichel des Mondes erscheint. Mit jedem Ein- und Ausatmen lässt du diesen silbrigen Mond wachsen, er vergrößert sich, wird immer runder, bis er schließlich als Vollmond in seiner ganzen Pracht vor deinem inneren Auge erstrahlt. Betrachte diesen Mond und spüre seine Energie der Klarheit. Visualisiere dieses reine, helle Licht des Mondes. Stelle dir vor, wie das Mondlicht nun in dein Glas leuchtet, das Wasser auflädt und es zu leuchten beginnt. Sende das Licht der Klarheit in dein Glas.

Nimm nun ganz bewusst einen Schluck von deinem leuchtenden Wasser und spüre, wie sich die Kraft und Klarheit des Mondes und des Wassers langsam in deinem Körper ausbreiten. Halte dann kurz inne. Was spürst du? Kommen Erkenntnisse hoch? Empfängst du Bilder oder Wörter? Was möchtest du empfangen? Was möchtest du loslassen?

Du kannst dir vorstellen, wie du mit jedem Schluck deinen Mond wachsen lässt, wie er immer leuchtender und praller wird. Vollziehe dein Ritual in deinem Tempo, bis das Glas Wasser leer ist, und beende es mit Dankbarkeit für dich und die unterstützende Kraft des Wassers und des Mondes. Räume deinen Ritualplatz auf und spüre deine nun gereinigte und ausgedehnte Energie. Wenn du möchtest, kannst du anschließend deine Erkenntnisse in einem Journal niederschreiben.

Kraftatem-Ritual

Was wir mit allen Lebewesen und auch Pflanzen um uns herum teilen, ist der Atem. Alle von uns atmen ein und aus, täglich, sekündlich, kontinuierlich. Er hält uns alle am Leben und verbindet uns. Was du ein- und ausatmest, wurde auch von einem anderen bereits ein- und ausgeatmet. Es ist naheliegend, dass dadurch ein starkes energetisches Band entstehen kann, dem wir uns nicht entziehen können, selbst wenn wir wollten. Das nun folgende schamanische Ritual „Kraftatem" möchte dich dabei unterstützen, die Verbindung zu spüren in einer positiven Art und Weise, dir aber auch helfen, mit der Kraft deines Atems in Ausdehnung zu kommen, loszulassen und ein Feld der Klarheit für dich zu kreieren.

Ritualdurchführung:

Setze dich an deinen Ritualplatz und lege deine Hände locker ab, so wie es für dich bequem ist. Schließe nun die Augen und spüre zunächst deinen aufgebauten Schutzkreis um dich herum. Visualisiere deine gelegten Naturmaterialien und verbinde dich über dein Herz mit ihnen, indem du z. B. dein Herz nach außen hin pulsieren lässt oder ihnen Liebe und wohlwollende Gedanken zusendest. Immer mehr beginnst du nun, dich auf deinen Atem zu fokussieren. Gehe in eine beobachtende Haltung, dein Atem darf fließen, wie er das jetzt gerade möchte.

Vertiefe nun bewusst und aktiv deinen Atem. Atme durch die Nase ein und stelle dir vor, wie belebende Energie in dich einströmt. Sie erfüllt deinen ganzen Körper und vitalisiert ihn. Lass den Sauerstoff in und durch dich fließen. Öffne nun deinen Mund und schicke beim Ausatmen diese vitalisierende Lebensenergie auch nach außen. Damit füllst du deinen Bereich im Schutzkreis mit deiner Atemenergie. Atme so für dich in deinem Tempo und deiner Intensität weiter. Wenn du magst, lass deine Ausatmung von einem Geräusch begleiten, und spüre die Kraft, die hinter deinem Atem steckt. Dein Schutzkreis füllt sich mit dieser Lebensenergie und dehnt sich aus wie eine schützende Luftkugel, die dich jetzt umgibt. Es ist deine Energie, die Kraft deines Atems, die sich nun schützend um dich legt. Wenn es sich für dich stimmig anfühlt, begleite dein Ein- und Ausatmen mit Armbewegungen und unterstütze so die energetische Ausdehnung. Fächere dir z. B. beim Einatmen die dich umgebende Luft zu. Beim Ausatmen verteile deinen Atem mithilfe deiner Hand- und Armbewegungen, dehne dich aus, auch körperlich.

Vollziehe dein Ritual in deinem Tempo so lange, bis du das Gefühl hast, erfrischt, kraftvoll und energetisch aufgeladen zu sein. Beende es mit Dankbarkeit für dich und die unterstützende Kraft des Atems. Räume danach deinen Ritualplatz auf und spüre deiner nun angereicherten und ausgedehnten Energie nach. Wie immer kannst du im Anschluss deine Erfahrungen aufschreiben.

Ich bin-Ritual

Wenn wir aussprechen, was ist und was zukünftig sein soll, finden unsere inneren Bedürfnisse einen Ausdruck im Außen. Wenn wir wissen, wer wir sind, erkennen wir unseren Wert und kommunizieren diesen nach außen. Dieses Ritual erfordert Ehrlichkeit und Selbstannahme. Denn es geht nicht darum, sich Affirmationen vorzusagen, die zum jetzigen Zeitpunkt nicht deiner Wahrheit entsprechen. Solche wären ohne Effekt und würden nur innerlichen Widerstand erzeugen. Ziel ist es in liebevoller Annahme auszusprechen, was ist, was du aufbauen möchtest, z. B. „Ich bin … naturverbunden“ oder, wenn du dich aufbauen und motivieren möchtest: „Ich bin auf dem Weg, sportlicher zu werden“, „Ich bin jetzt bereit, meiner Kreativität Raum zu geben“, „Ich bin (noch) eifersüchtig. Ich bin auf dem Weg, mich selbst mehr und mehr kennenzulernen, auch meine Eifersucht“.

Ritualdurchführung:

Stelle dich an deinen vorbereiteten Ritualplatz in deinen Schutzkreis. Du kannst die Augen offen halten oder sanft schließen. Nimm Kontakt auf mit dem Boden unter deinen Füßen. Spüre, wie du hier stehst. Wenn du magst, stelle deine Füße etwas weiter auseinander, damit dein Stand noch stabiler wird. Wandere nun mit deiner Aufmerksamkeit von den Füßen hinauf durch deinen Körper. Spüre deine Waden, die Knie, deine Oberschenkel, das Gesäß, den unteren Rücken, deinen Bauch, den Brustkorb, deine Brust, die Schulterblätter, deine Schultern, Arme und Hände, die Kehle, deinen Nacken, das Gesicht, den Hinterkopf, deinen Scheitel.

Stelle dir nun zunächst die Frage: Wer bin ich? Sprich laut aus, was kommen möchte. „Ich bin …“ Besiegle diesen Ausspruch mit einer bewussten, liebevollen Körperbewegung oder -haltung. Das kann ein kurzes Hüpfen sein wie ein freudvolles Kind, eine Selbstumarmung oder ein Kuss für dich auf deine Hand.

Mach dann weiter und sprich alles aus in deinem geschützten Raum. Transformiere auch deine Schattenaspekte, indem du dich auf den Weg machst, sie zu integrieren, auch das bist du. Vollziehe dein Ritual in deinem Tempo so lange, bis du alles über dich ausgesprochen hast. Beende es mit Dankbarkeit für dich und schließe ab mit einer Körperbewegung oder -haltung, die dir selbst Liebe schenkt (z. B. ein Handkuss, eine Umarmung, Kindhaltung etc.). Wenn du damit fertig bist, räume deinen Ritualplatz auf und trage dein ausgedehntes und bewusstes Ich hinaus in die Welt, notiere wenn nötig deine Erfahrungen.

Helferwesen-Ritual

Wenn wir etwas in unserem Leben verbessern oder ändern möchten, ist es immer gut, eine gute Freundin oder einen Freund an unserer Seite zu haben, der uns dabei unterstützen, in unsere volle Kraft zu kommen. Ein schamanisches Krafttier oder eine Kraftpflanze möchte uns dabei unterstützen, unsere Energie voll zu entfalten. Wenn wir unsere Berufung finden und leben, Fülle in unser Leben einladen, zeigen wir unserer Seele, dass wir ihr zuhören und zusammenarbeiten möchten. Der Weg dorthin kann manchmal sehr verwirrend sein, da wir ihn gar nicht klar sehen oder abgelenkt sind. Ein Helferwesen kann dich unterstützen, Zeichen zu erkennen, dir Informationen und wichtige Personen in dein Leben bringen und Aha-Momente bescheren, damit du zielgerichteter vorankommst und deine Energie in die richtigen Bahnen lenkst. Ein Helferwesen sollte dich liebevoll unterstützen, daher ist es wichtig, dass sich dieses Wesen vollkommen wohlwollend und positiv für dich anfühlt. Höre daher genau auf deinen Verstand und dein Herz. Frage das Helferwesen oder die Helferpflanze immer dreimal, ob sie es auch wirklich für dich sind. Manchmal kommen Wesen und verneinen dies oder gehen wieder. Du solltest dich diesem Helferwesen verbunden und nahe fühlen, eben wie einem Freund oder einer Freundin. Wenn du dich mit diesem dich unterstützenden Wesen verbunden hast, kannst du ihm Fragen stellen, ihm zuhören, dir etwas zeigen lassen. Bleibe offen und ohne Erwartung. Dinge zeigen sich manchmal auch nicht als Bilder, sondern als Gefühle oder Wörter und Sätze. Sei auf Empfang und lasse zu, ohne zu werten.

Ritualdurchführung:

Setze dich an deinen Ritualplatz, nachdem du ihn vorbereitet hast, und schließe die Augen. Spüre und beobachte, wie dein Atem ein- und ausfließt. Lausche anschließend der schamanischen Trommel und formuliere für dich die Bitte: „Ich bitte mein Helferwesen oder meine Helferpflanze, sich mir zu zeigen.“ Verbringe Zeit mit deinem Helferwesen, deiner Helferpflanze, stelle Fragen und lass dir Dinge erklären und zeigen.

Vollziehe dein Ritual in deinem Tempo so lange, bis du gut vertraut bist mit deinem Helferwesen oder deiner Helferpflanze. Beende es mit Dankbarkeit für dich und deinen neu gewonnenen Freund, deine neu gewonnene Freundin. Wenn du damit fertig bist, räume deinen Ritualplatz auf und finde einen Ritualgegenstand oder ein Bild symbolisch für dein Helferwesen, deine Helferpflanze. Diesen Gegenstand kannst du nun in deinen Schutzkreis integrieren.

Sonnen-Ritual

Nachdem du vielleicht schon Freundschaft mit deinem Helferwesen oder deiner Helferpflanze geschlossen hast, möchte sich dieses Ritual nun mit der Liebe beschäftigen. Liebe ist Medizin. Wenn wir sie fließen lassen und ausdehnen, heilen wir nicht nur unsere Verletzungen, sondern auch die der anderen. Liebe auszudehnen, bietet dir auch einen Schutz, der kaum zu knacken ist. Denn gegen die Kraft der Liebe ist die dunkelste Energie über kurz oder lang machtlos. Wer strahlt vor Liebe wie eine Sonne, erweckt so viele positive Energien, dass die Fülle im Inneren hilft, sich selbst und andere damit zu versorgen. Du wirst vielleicht schon Menschen begegnet sein, die eher im Schatten zu Hause sind, bei denen Pessimismus und Negativität überwiegen, und sie können dich dadurch mit runterziehen. Manchmal sind es sogar Menschen, die uns Hindernisse in den Weg legen. Doch diese, aus der Sonnenperspektive betrachtet, zeigen uns unsere Weiterentwicklung an und bringen uns nicht in das Gefühl des Mangels. Auch Schattenmenschen brauchen die Sonne. Wenn du sie in dir stärkst, hilfst du ebenso anderen, sie in sich selbst zu finden.

Ritualdurchführung:

Setzte dich an deinen Ritualplatz, beruhige deinen Atem, indem du ihn fließen lässt und eine Zeit lang beobachtest. Schließe nun sanft die Augen und bringe deine Handflächen vor dem Herzen zusammen, sodass deine Daumen die Brust berühren. Spüre die Energie der Verbindung. Sende nun deinen Atem in dein Herz und lass es ausstrahlen. Mit jedem Pulsieren sendet es eine Welle der Liebe nach außen. Spüre die Liebe in deinen Händen und führe sie mit dieser Herzensenergie über den Kopf, sodass sich die Handflächen über deinem Scheitel verbinden. Öffne die Hände so weit, dass du zwischen ihnen eine Kugel halten könntest. Stelle dir diese Kugel nun vor wie eine Sonne. Diese leuchtende Sonne, die du mit Herzensenergie anreicherst, strahlt in alle Richtungen. Stelle sie dir warm und strahlend vor. Nun darfst du das Licht der Sonne nach außen hin ausdehnen. Drehe deine Handflächen und ziehe dieses Sonnenlicht nach unten wie ein Lichtzelt. Ziehe diese Energie der Liebe und des Lichts Richtung Gesäß und hülle dich damit ein. Führe dann deine Handflächen wieder vor dem Herzen zusammen, sammle deine Herzensenergie, bringe sie mit den Händen über den Kopf und erfühle erneut die Sonnenkugel. Beginne jetzt, das Licht auch zu den anderen Seiten hin auszudehnen, und ziehe es mit den Händen wieder nach unten. Wenn du einen Gegenstand, z. B. einen Stein, mit Liebesenergie aufladen möchtest, lege ihn vor dich und hülle dich und ihn mit diesem Licht ein. Du kannst diesen Gegenstand dann verschenken oder zur Aufrechterhaltung der Energie bei dir tragen. Vollziehe dein Ritual in deinem Tempo so lange, bis du das Gefühl hast, in einem lichtvollen, liebevollen Zelt zu sitzen. Beende es mit Dankbarkeit für dich und die Liebe, die dich nun umgibt. Wenn du damit fertig bist, räume deinen

Ritualplatz auf. Wenn du einen Gegenstand mit Liebe aufgeladen hast, kannst du ihn auch in deinen Schutzkreis integrieren.

Was das Auge nicht sieht – die Reise der Seele

Die Augen sind das Tor zur Seele. Genauso, wie wir Licht, Bilder und Informationen über die Augen aufnehmen, senden wir dieses auch über unsere Augen aus. So kann ein Blick liebevoll, ängstlich, freundlich, verstört etc. sein. Wir lesen uns gegenseitig über unsere Augen, was dazu führt, dass es vielen Menschen schwerfällt, Augenkontakt zu halten. Bei einer Seelenreise schließen wir unsere Augen und „sehen" trotzdem, und das sehr lebendig und klar, noch lebendiger und klarer, als wir die uns umgebende Realität sehen. Denn unsere Tore zur Seele sind nicht die einzig „sehenden" Augen.

Da ist zunächst das dritte Auge, unser spirituelles, inneres Auge, das sehen und erkennen kann. Es soll direkt in Verbindung mit unserer Zirbeldrüse stehen und wird im Ajna-Chakra auf der Stirn zwischen unseren Augenbrauen verortet. Dieses Auge ist das Auge der spirituellen Wahrnehmung, der Intuition und der aktiven Vorstellungskraft. Bereits René Descartes schrieb über die Zirbeldrüse: „Es gibt eine kleine Drüse im Gehirn, in der die Seele ihre Funktion spezieller ausübt als in jedem anderen Teil des Körpers". So ermöglicht das Sehen mit dem dritten Auge den Eintritt in innere Räume mit einem höheren Bewusstsein.

Spätestens seit Antoine de Saint-Exupéry wissen wir auch, dass man nur mit dem Herzen gut sieht und das Wesentliche für die Augen unsichtbar ist. Das spüre ich bei Seelenreisen sehr stark, denn das Herz vermittelt während der Reise durchgehend Informationen im Sinne von Gefühlen, Wahrnehmungen, Führung, Emotionen. Das Herz ist für mich die Instanz, in und mit der eine Seelenreise erst wirklich „verstanden" und verarbeitet werden kann. Eine Information, die im Herzen nichts anrührt, kann zwar intellektuell vielleicht verstanden werden, ändert aber auf Seelenebene kaum etwas.

Menschen ändern sich, heilen und verstehen, wenn sie berühren und sich berühren lassen. Das Herz spürt die Richtigkeit und Wichtigkeit der Botschaft als Wahrheit, als innere Wahrheit. Sie fordert auf, diese anzunehmen und nicht mehr den Wahrheiten anderer zu folgen, die zwar die Hoffnung auf Wahrheit schüren, jedoch nicht unserer eigenen entsprechen. Sie können uns einen Geschmack geben, einen Hinweis, oder einen möglichen Weg zeigen. Aber wie unser Fingerabdruck einzigartig ist, so ist auch unsere Wahrheit einzigartig und durch niemanden anderen (be)lebbar.

Das Krafttier als „Reiseleiter" in die Anderswelt

Du hast mittlerweile das schamanische Weltbild kennengelernt, das davon ausgeht, dass wir mithilfe der schamanischen Trance aus unserer Alltagsrealität austreten und in eine andere Welt eintreten können. Wenn du die ersten Übungen durchgeführt hast, hast du vielleicht auch schon einen kleinen Eindruck davon bekommen, wie es sich anfühlt, zwischen den Welten zu wandeln. Doch so, wie du eine Reise in eine unbekannte Stadt oder ein unbekanntes Land unternimmst, ist es auch mit der schamanischen Reise. Bevor wir uns auf neues Terrain begeben, sollten wir uns darüber informieren, was du durch das Lesen dieses Buches bereits begonnen hast. Vor Ort wäre es dann sehr sinnvoll, zumindest eine Stadtkarte zu haben, noch besser einen Guide, der uns Wege und Möglichkeiten an diesem uns unbekannten Ort aufzeigt. Wenn wir schamanisch reisen, brauchen wir ebenfalls jemanden an unserer Seite, der uns schützt und lenkt, damit wir nicht verloren umherirren und in Gassen geraten, die wir gar nicht kennenlernen wollten.

Der Begriff „Krafttier" ist dir vielleicht schon begegnet, wenn du dich mit Schamanismus beschäftigt hast. Die Kraft eines Tieres wurde dir schon gezeigt, wenn du sie in der Wildnis siehst, in ihrer ursprünglich innewohnenden Kraft, aber auch in unseren Haustieren, die uns so treue und unterstützende Freunde geworden sind. Schamanen verbinden sich bewusst mit den Schutzgeistern der Tiere, um sie um Rat zu bitten oder als schützende Begleiter bei schamanischen Reisen bei sich zu haben.

Hier gibt es noch Unterscheidungen zu erklären: Ein Krafttier begleitet seinen Schützling meist ein Leben lang. Wenn du also eine besondere Beziehung zu einem oder mehreren Tieren schon von

Kindheit an spürst, ist die Wahrscheinlichkeit, dass dein persönliches Krafttier dich begleitet, sehr groß. Dann gibt es noch Helfertiere, die uns für einen Zeitraum begleiten und unterstützen möchten. Sie spiegeln bestimmte Aspekte eines aktuellen Zustandes wider und helfen dabei, diese mit ihrer Weisheit und Kraft zu heilen. Zuletzt sind da noch die Hütetiere, die sich z. B. an bestimmten Stellen in deinem Seelengarten befinden und dort auch bleiben, um diesen Bereich zu schützen und Informationen zu übermitteln.

Mit dem Geistwesen des Tieres in Kontakt zu treten, kann dir Aufschluss über dein wahres Wesen geben. Dein Krafttier vermittelt sozusagen zwischen dir und deiner Seele, wenn die Verbindung nicht mehr so klar ist. Es fällt dir zunehmend leichter, wieder in Kontakt mit der geistigen Welt zu treten und so mehr deiner Intuition und wahren Bestimmung zu folgen.

Die Frage nach dem eigenen Krafttier wurde mir am häufigsten von allen gestellt. Es scheint ein großes Bedürfnis, eine Sehnsucht vieler Menschen zu sein, dieses zu kennen und sich wieder damit zu verbinden. Wie findest du nun dein persönliches Krafttier? Wie bereits erwähnt, kann es sein, dass du es schon kennst, weil ein bestimmtes Tier seit Kindheitstagen dein „Lieblingstier" ist. Es kann auch sein, dass dir dein Krafttier schon mehrmals in Träumen begegnet ist, um dir Botschaften zu senden. Es gibt auch Menschen, die von Begegnungen berichten, dass sie ihr Krafttier erkannten, als es ihnen plötzlich gegenüberstand, z. B. bei einem Waldspaziergang. Und natürlich besteht die Möglichkeit, dein Krafttier über eine schamanische Reise zu treffen und kennenzulernen.

Solltest du das beschriebene Ritual „Helferwesen" bereits durchgeführt haben, kann es sein, dass du schon Kontakt zu deinem Krafttier aufgebaut hast. Ansonsten beschreibe ich dir zu einem späteren Zeitpunkt im Buch die Möglichkeit einer schamanischen Seelenreise, die du für dich selbst durchführen kannst. Ich möchte jedoch anfügen, dass eine durch einen Schamanen/eine Schamanin angeleitete schamanische Reise vor Ort eine intensivere Erfahrung sein kann. Entscheide daher selbst, welchen Weg du dafür gehen möchtest.

Wenn wir unser Krafttier kennengelernt haben, besteht oft der Wunsch, einen Bezug zu unserer Persönlichkeit herstellen zu wollen. Wo erkennen wir uns in dem Wesen dieses Tieres wieder? Welche Gemeinsamkeiten gibt es? Welche Kräfte dieses Tieres können mich unterstützen?

Die Beziehung zum persönlichen Krafttier fühlt sich für mich wie eine sehr tiefe freundschaftliche Beziehung an. Eine bedingungslose Liebe und Unterstützung, dir hier erfahren werden kann. Wenn du also eine Ahnung von deinem Krafttier besitzt, beginne zu recherchieren. Du kannst dir Texte durchlesen über das Tier, welche es aus biologischem Gesichtspunkt betrachten.

Es gibt auch die Möglichkeit, in Büchern und im Internet bereits nach der spirituellen Bedeutung des Tieres zu suchen. Betrachte Bilder, sieh dir Dokumentarfilme an, noch besser, triff dein Krafttier im wahren Leben, wenn möglich. Was machen diese Begegnungen mit dir? Berühren sie dich?

Lass dein Herz sprechen, es wird dir diese liebevolle Verbindung zeigen. Wenn du zu einem späteren Zeitpunkt eine schamanische Reise unternimmst, lerne in deinem Seelengarten das Krafttier kennen. Natürlich gibt es viele Beschreibungen über Krafttiere in den Medien, doch noch wichtiger und tiefer sind die Informationen, die du sozusagen aus „erster Hand" erhältst. Stelle Fragen an dein Krafttier, und du wirst sehen, es wird dir Antworten zeigen.

Die wichtigste und erste Frage sollte natürlich sein, ob es dein Krafttier ist. Frage bitte immer dreimal nach. Wird deine Frage dreimal bejaht, hat es sich als dein Krafttier ausgewiesen. Dann lerne es kennen und integriere dein Krafttier in deinen Alltag. Du kannst ein Bild aufhängen, ihm regelmäßig Gedanken schicken, Figuren aufstellen etc. Du weißt ja, Schamanismus ist ein Erfahrungsweg, der uns zurück zu unserer innewohnenden Weisheit führen möchte. Du wirst also sicherlich einen persönlichen Weg finden, mit deinem Krafttier in Kontakt zu treten und diese Verbindung zu pflegen.

Die Archetypen stellen sich vor

Bei schamanischen Reisen treffen wir nicht nur auf Tiergeister, sondern auch auf verschiedene Archetypen. Sie stellen unterschiedliche Aspekte der Seele dar. Das Konzept dieser Archetypen wurde auch in der Tiefenpsychologie durch den Schweizer Psychologen und Psychiater Carl Gustav Jung dargelegt. Er leitete deren Existenz durch Vergleichsarbeit ab.

Diese unbewussten Archetypen, die durch symbolische Bilder erfahrbar werden, kennen wir zum Teil bereits aus unseren Träumen, Visionen, auch aus Kunstwerken und Märchen. Es sind die Urbilder deiner Seele, denn diese hat in sich eine äußerst hilfreiche Ordnung, sodass gezielt Hilfe zu entsprechenden Themen angeboten wird.

Da gibt es z. B. innere Lehrer und Lehrerinnen, Heiler und Heilerinnen, Krieger und Kriegerinnen, Kraftorte und Verbindungselemente zwischen den Welten. Es existieren ganz klassische Archetypen, die wohl bei vielen schamanischen Reisen auftauchen, aber es können auch ganz neue, der Person entsprechende Archetypen helfend zur Seite stehen. Auch das darf es geben, und ich sage bewusst darf, da es während der Seelenreisen meines Erachtens überhaupt keine Notwendigkeit gibt, etwas nach seiner Richtigkeit oder Falschheit einordnen zu müssen. Das möchte unser Verstand, der ständig bewertet, damit er es verstehen kann. Er sucht nach Schubladen im Gehirn, damit wieder eine Ordnung herrscht und Schluss ist mit Irritationen. Deine Seele spricht aber zu dir in der Form, wie du es mit dem Herzen aufnehmen kannst. Wenn ich für andere Menschen reise, übernimmt diese Seele natürlich auch mein Repertoire der Seelensprache, wenn du selbst reist, ist es dein eigenes. Aber ich vermute, dass es auch eine kollektive Seelensprache gibt.

Jeder Archetyp, mit dem du Kontakt aufnimmst, ist dafür da, dich in bestimmten Lebensbereichen oder speziellen Situationen zu unterstützen, dir zu helfen. Sie können dir neue Perspektiven aufzeigen oder konkret Ratschläge geben. Manchmal ist es auch so, dass Archetypen geschwächt sind und dir zeigen, dass du in diesem Bereich deines Lebens wieder mehr Energie generieren solltest. Ein Archetyp kann sich als Person zeigen, aber auch als ein Ort in deinem Seelengarten, von dem eine sehr spezielle Energie ausgeht.

Innerseelische Helfer

Nachfolgend möchten sich dir einige personelle Archetypen vorstellen, die sich in einer schamanischen Reise in deinen Seelengarten (untere Welt) zeigen können:

Ich bin **dein innerer Lehrer/deine innere Lehrerin** und kann dir weiterhelfen, wenn du einen speziellen Rat zu deiner aktuellen Lebenssituation brauchst. Das heißt nicht unbedingt, dass du von mir eine Antwort direkt auf dem „Silbertablett" serviert bekommst, aber ich möchte dir zur Seite stehen, wenn es darum geht, neue Erfahrungen zu machen und diese auch annehmen zu können. Ich stehe für deine innere Weisheit, der du mehr Gehör schenken darfst. Wie bei allen schamanischen Reisen gilt, dass du dir vorher klar überlegst, welche Frage du mir stellen möchtest. Denn ich wünsche mir von dir klare Ansagen, damit ich dir auch wirklich weiterhelfen kann. Manchmal gebe ich dir Weiterempfehlungen an andere Archetypen, die du dann anschließend in deinem Seelengarten besuchen kannst. Doch noch wichtiger ist, dass du meine Ratschläge mit deinem Herzen auf Richtigkeit überprüfst und anschließend in deiner Realität umsetzt. Denn was bringt dir dein Wissen, wenn du es nicht konkret nutzt?

Wenn dein innerer Lehrer/deine innere Lehrerin einfach nicht auftauchen will, weil dein Kontakt zur inneren Weisheit aus irgendeinem Grund gerade blockiert ist, kann ich dir möglicherweise weiterhelfen. Es herrscht wohl gerade eine Blockade, die dich im Dunkeln stehen lässt. Wenn du spürst, dass es dir physisch oder psychisch nicht gut geht, du aber intuitiv keinen Lösungsweg findest, reise zu mir, **deinem inneren Heiler/deiner inneren Heilerin**. Ich möchte dir dabei helfen, deine natürlichen Selbstheilungskräfte zu aktivieren, um wieder „gesund" zu werden. Nicht selten geschieht es, dass ich dir ganz konkrete Anweisungen gebe, was du für dein Wohlbefinden und dein Gesunden tun kannst. Lausche und überprüfe, ob meine Ratschläge ein positives Echo in dir erzeugen. Wenn ja, ist es an der Zeit, ins Handeln zu kommen und Dinge in deinem Leben zu verändern. Denn, das darf ich dir erklären, jedes Krankheitsgefühl, das auftaucht, ist ein Signal deiner Seele, die sich wünscht, dass du ihr zuhörst und das Gleichgewicht wiederherstellst. Mit meiner Unterstützung spüren wir die Ursachen dafür auf und bringen deine Lebensenergie wieder zum Fließen. Vielleicht hat deine Seele Verletzungen erlitten, derer du noch nicht bewusst bist. Jetzt ist es an der Zeit, sie anzusehen, zu transformieren und letztendlich zu heilen.

Du fragst dich, warum du hier auf Erden bist und was du hier eigentlich tun sollst? Wenn es um deine Lebensaufgabe und deinen Sinn im Leben geht, stehe ich, **dein Herzenskrieger/deine Herzenskriegerin**, dir zur Seite. Lebst du wirklich das, was sich dein Herz wünscht? Oder folgst du den Vorstellungen anderer oder Konditionierungen aus deiner Kindheit? Ich möchte dir helfen, wieder mehr auf dein Herz zu hören und dich selbst zu „sehen“, wie du wirklich bist. Je mehr du deinem Herz folgst und dich auf dieser Ebene kennenlernst, umso mehr wirst du dich selbst auch so erkennen und annehmen können, wie du wirklich bist. Es ist Zeit, deine Sehnsüchte ans Tageslicht zu holen und sie in dein Leben zu integrieren. Du darfst den Kampf im Außen beenden und dich dir selbst zuwenden. Denn darum geht es im Leben doch letztendlich, dich selbst zu meistern und die äußeren Geschehnisse als eine Projektion deines inneren Kampfes zu erkennen. Du bist einzigartig und wertvoll. Das wiederzuerkennen, ist eine Reise, auf der ich dich begleite. Gemeinsam machen wir uns auf den Weg, dein Potenzial zu entdecken, zu entfalten und deine ganz eigene Vision zu erkunden, dich selbst zu erkunden.

Mich darfst du auch als erwachsene Person wieder besuchen und zulassen. Ich bin **dein inneres Kind**, das nur darauf wartet, gehört und umsorgt zu werden. Denn oft schleppen wir noch viele Erfahrungen aus der Vergangenheit mit uns herum, die uns im Erwachsenenalter daran hindern, in unsere volle Kraft zu kommen. Wenn du mich in einer schamanischen Seelenreise besuchst, werde ich dir aufzeigen, in welcher Verfassung ich gerade bin. Gibt es z. B. Traumen, die du noch nicht geheilt hast? Gehst du vielleicht zu ernst an verschiedene Themen heran und hast das „Spielen" im Leben vergessen? Brauche ich, dein inneres Kind, mehr Liebe und Zuneigung von dir, weil du mich vielleicht nicht angenommen hast? Die Zeit ist gekommen, dass du mir all das gibst, was ich in der Vergangenheit so vermisst habe, damit wir zusammen als Einheit das Leben in vollen Zügen leben.

Anmerkung: Das Thema „Innere Kindheilung" ist sehr umfassend und rückt immer mehr in den Fokus psychotherapeutischer Arbeit. Ich empfehle dir daher, dich mit diesem Bereich vor allem dann intensiver zu beschäftigen, solltest du traumatische Erfahrungen in der Kindheit gemacht haben. Diese können verdrängt worden und auch unterschiedlicher Intensität sein. Wenn du unsicher bist, kontaktiere für diesen Bereich bitte immer fachkundige Menschen, die dich vor Ort unterstützen können. Das innere Kind möchte vor allem geliebt und gesehen werden, was den uns nahestehenden Menschen in der Vergangenheit vielleicht nicht immer gelang, auch wenn sie uns aus vollem Herzen liebten. Doch du kannst mithilfe der schamanischen Arbeit wieder in deine Kraft zurückkommen und ihm die Fürsorge geben, nach der es so lange verlangt hat. Eine wichtige Rolle spielen dabei die nachfolgenden Archetypen.

Wusstest du, dass jeder Mensch einen weiblichen und männlichen Anteil in sich besitzt, unabhängig vom eigenen Geschlecht? So findest du in deinem Seelengarten auch uns, **deinen inneren Mann** und **deine innere Frau**. Wir repräsentieren genau diese Anteile in dir. Wir stellen dir die Frage nach deinem eigenen Rollenverständnis als Mann oder Frau. Welche Idealbilder hast du im Kopf und wie lebst du diese Anteile konkret aus? Zusammen als Paar sind wir **die Liebenden**. Wenn es uns gelingt, in Harmonie zusammenzuspielen, haben wir eine enorme Schöpferkraft, um dein Leben deinen Wünschen entsprechend zu erschaffen. Eine Seelenreise zu uns kann für dich sehr aufschlussreich sein, wenn es z. B. um Beziehungsthemen und die innere Kindheilung geht. Wenn wir und das innere Kind als Familie auf Seelenebene verschmelzen, setzt dies eine enorme Energie frei, damit du dein wahres Wesen ungehindert entfalten kannst. Führe mit uns gemeinsam zusammen, was vielleicht noch getrennt ist, und erfahre die liebende, schützende und energiespendende Kraft deiner innerseelischen Familie.

Gibt es Erlebnisse mit Personen in deiner Vergangenheit, die zwar abgeschlossen scheinen, aber dich immer noch beschäftigen? Ich kann mit dir zusammen erkunden, wo du vielleicht noch unbewusst festhältst und dir diese Verbindungen Energie rauben. Ich bin **der Schmied** und kümmere mich um alle Arten von Herzensverbindungen. Wenn Liebesbeziehungen oder Freundschaften sich verändern und dich nicht mehr auf eine positive Art und Weise nähren, wird es Zeit, das Loslassen zu üben. Jede Verbindung mit anderen hat ihre lichtvollen Seiten, aber eben manchmal auch dunkle, zuweilen sogar toxische. Als Schmied helfe ich dir, deinen Frieden mit diesen Beziehungen zu finden und dein Herz zu reinigen von alten und schwierigen Verbindungen, die dir jetzt nicht mehr dienlich sind. Ich bin kein besonders gesprächiger Archetyp und bevorzuge eher das sofortige Handeln. Wenn du mich in deinem Seelengarten besuchst, kann ich dich bei der energetischen Abtrennung unterstützen, denn es ist Zeit, wieder Raum zu schaffen für all die neuen Herzensverbindungen, die in Zukunft auf dich warten. Bist du bereit, diesen Schritt zu gehen und loszulassen?

Innerseelische Orte

In deinem Seelengarten hast du die Möglichkeit, verschiedene Orte aufzusuchen, die dich bei Problemlösungen und der eigenen Transformation ebenfalls unterstützen möchten. Auch sie möchten sich dir hier kurz vorstellen:

Ich bin ein loderndes Feuer in deinem Seelengarten. Meine Flammen können dir in unterschiedlichen Größen und Farben erscheinen. Bei mir kannst du alles abgeben, was du transformieren möchtest. Gibt es z. B. Blockaden, die dich daran hindern, in dein volles Potenzial zu kommen, dann bringe sie zu mir und übergib sie dem verwandelnden **Feuer der Transformation**. Alles, was dich bisher belastet und dein Leben erschwert hat, transformiere ich in neue, stärkende und unterstützende Energie. Halte deine Handflächen nahe an mich und spüre, wie deine blockierenden Kräfte von dir weichen und in mich fließen. Bei mir kannst du dich setzen und auch anderen Seelen begegnen, mit denen du dich aussprechen möchtest. Zusammen könnt ihr bei mir ungelöste Probleme diskutieren, sie klären und euch gegenseitig verzeihen. Denn gerade der Akt des Verzeihens wird in dir wieder neue, frische Energie freisetzen, die du für positive Dinge nutzen kannst.

Zusammen mit deinem Herzenskrieger/deiner Herzenskriegerin, kannst du mich besteigen, den **Berg der Visionen**. Jeder Mensch stellt sich irgendwann in seinem Leben die Frage nach dem Sinn des Lebens. Wenn er nicht klar ist, kann dich das ganz schön schwächen und unmotiviert oder sogar traurig durch den Alltag schreiten lassen. Manchmal erkennt man den Wald vor lauter Bäumen nicht. Tausend Wahlmöglichkeiten umgeben dich, und das ewige Ausprobieren und Reflektieren können erschöpfend wirken. Es kann helfen, dich aus dieser Enge „herauszuzoomen" und das „größere Bild" zu betrachten. Aus der Vogelperspektive kann manches viel mehr Sinn ergeben. Steige also auf meinen Gipfel und genieße die Weite, die du von hier aus überblicken kannst. Nimm Platz und bitte darum, dass dir deine Lebensaufgabe gezeigt wird. Du kannst mich ruhig öfter aufsuchen, wenn du dich auf Visionssuche begibst. Denn nichts ist starr und du gestaltest deinen Lebenssinn immer auch aktiv mit. Dein Herzenskrieger/deine Herzenskriegerin wird dich darin unterstützen, einen Schritt nach dem anderen auf deine Vision zuzugehen und aus vollem Herzen zu leben.

Innerseelische Kraftfelder

Die Kraftfelder in deinem Seelengarten laden dich, wie ihre Kategorisierung bereits verrät, wieder mit Kraft auf, wenn du dich energielos fühlst. Besuche sie jederzeit, wenn du einen Energieschub oder neue Motivation brauchst.

Die Familie kann für viele Menschen ein „Fels in der Brandung" sein. Doch ist dir bewusst, dass du nicht nur eine Familie im jetzigen Leben hast, sondern auch noch viele Frauen und Männer, die in deiner Ahnenlinie bereits vorangegangen sind? So einige Erfahrungen durften sie bereits sammeln, aus Glück und Leid lernen und sich so persönlich weiterentwickeln. Du stehst an der Spitze deiner Ahnenlinie und darfst von diesem Erfahrungsschatz profitieren. Nimm diesen Platz mit Achtung ein. In deinem Seelengarten bin ich der **Fels der Ahnen** und stehe für das Kraftfeld deiner Herkunftsfamilie, deren Energie immer mit dir verbunden ist. Doch fließt sie frei und fühlst du dich wirklich zugehörig? Bei mir kannst du deine Ahnen aller vergangenen Generationen treffen, sie um Rat fragen und dich mit deiner großen Familie zusammensetzen. Manchmal haben sie auch Geschenke für dich, die dich an deine Herkunft erinnern sollen. Deine Ahnen stärken dir den Rücken und schicken dir fortwährend Liebe und Kraft, um selbst das Beste aus deinen Erfahrungen in diesem Leben ziehen zu können. Doch ist deine Ahnenenergie blockiert, ist es an dir, dieses fehlende Kraftfeld aufzufüllen, was auf Dauer ganz schön anstrengend sein kann. Sich mit seinen Ahnen auszusöhnen und respektvoll umzugehen, ist daher eine wichtige Aufgabe, der du dich stellen solltest.

Ich bin der **Ort der Kraft**, den du immer besuchen kannst, um dich und deine „Batterien" wieder aufzuladen. Bei mir fühlst du dich entspannt und kraftvoll, kannst durchatmen und einfach mal sein, ohne etwas tun zu müssen. Gerade in Zeiten, in denen du nicht die Möglichkeit hast, Kraftorte im Außen zu besuchen, solltest du zu mir in den Seelengarten kommen. Ich stehe für deine persönliche Kraft, die du bei mir wieder stärken kannst.

Da gibt es eine Kraft in deinem Leben, ein Urkraftfeld, mit dem du und alle Seelen permanent in Kontakt sind. Diese Energie fließt über mich, den **Quell des Lebens**, hinein in deinen Seelengarten.

In meinem klaren Wasser erfahren wiedergefundene, abgespaltene Seelenanteile ihre Reinigung und Heilung, um anschließend wieder zur Gesamtseele zurückkehren zu können. Je stärker ich fließe, umso kraftvoller fühlst du dich in deinem Leben. Zu mir kannst du auch jederzeit kommen, wenn du dich reinigen und energetisieren möchtest. Hier spürst du den Ursprung deines Seins und deine Verbindung mit dem Universum, dem Göttlichen, oder wie auch immer du diese Urkraft, die alles erschafft und durchdringt, nennen möchtest.

Die Sprache der Seele

Der Begriff „Seele" bezeichnet im Allgemeinen die Gesamtheit dessen, was Menschen fühlen und spüren können, wodurch sich die Persönlichkeit des Einzelnen zum Ausdruck bringt. Spirituell gesehen, ist die Seele jener unsterbliche Teil in uns, der immer wieder auf der Erde inkarniert, um sich zu entwickeln und zu wachsen. Im Schamanismus sind die Kontaktaufnahme und die Arbeit mit der Seele essenziell. Wie du bereits erfahren hast, sind Schamanen bzw. schamanisch Praktizierende jene, die die Fähigkeit besitzen, zwischen den Anderswelten zu wandeln. Das schamanische Weltbild zeigt sich dreigegliedert: die untere Welt (Seelengarten, Unterbewusstsein, Ritualplatz der Seele), die mittlere Welt (energetische Welt, parallel existierend zu unserer Realität) und die obere Welt (Geistführer, -lehrer, himmlische/göttliche Sphäre). Der Rhythmus einer Trommel oder Rassel hilft bei der Reise, in eine Art Trance zu gelangen, um diese Welten erreichen zu können. Der beständige Rhythmus unterbricht unsere gewohnten Denkmuster und hilft so loszulassen.

Ich empfinde es tatsächlich so, dass mein reales, aktives Denken in dem Moment stoppt, wenn die Trommelschläge beginnen. So tauche ich sofort ein, an einen anderen Ort, in eine andere Welt, die ich nicht aktiv mit meinem Geist forme, nein, ich bin in dieser Welt. Ich schließe meine physischen Lider und sehe plötzlich mit anderen

Augen. Ich betrachte Situationen, Probleme, Anliegen, Krankheiten, Realitäten, Dramen etc. aus den Augen der Seele. Dabei lasse ich mich völlig leiten, bin sozusagen Instrument, Empfängerin, Vermittlerin, ohne passiv zu sein. Ich handle sehr bestimmt, jedoch geführt von jener Kraft, die uns alle belebt und beseelt hat.

Sie, deine Seele, spricht eine ganz eigene Sprache, die mit unserer lingualen Sprache wenig vergleichbar ist. Krankheitssymptome können z. B. Hinweise deiner Seele sein, dass etwas gerade nicht harmonisch läuft und im Ungleichgewicht ist. Bei schamanischen Reisen ist ihre Sprache oft eine Sprache der Bilder, Metaphern, Symbole, aber auch der Empfindungen und Gefühle. So kann jede schamanische Seelenreise eine Mischung aus manchmal recht klaren Anweisungen und gleichzeitig noch versteckten Botschaften sein, die es erst zu entschlüsseln gilt. Ich möchte dir ein paar Fragen an die Hand geben, die dir beim Reisen helfen können.

Achte bei einer schamanischen Reise auf deine Wahrnehmung. Wie sieht dein Seelengarten aus? Was empfindest du beim Betreten? In welcher Stimmungslage ist dein Krafttier? Auch Farben können einen Hinweis auf ein bestimmtes Problem geben, das es zu lösen gilt. In welcher Farbe zeigt sich z. B. dein Feuer der Transformation? Wie wirken die Farben auf dich, die du im Seelengarten siehst, z. B. bei Blumen? Sind sie eher fröhlich, beruhigend oder wühlen sie dich auf? Wenn du in deinen Seelengarten reist, hast du immer die Möglichkeit, Fragen zu stellen oder auch um etwas zu bitten. Wenn du das Gefühl hast, die Sprache deiner Seele gerade nicht verstehen zu können, bitte darum, dass sie dir weitere Impulse zur Verdeutlichung schickt. Das Zusammenspiel von Bildern, Szenen, Symbolen und deinem Gefühl kann dich dann zu mehr Klarheit führen. Je öfter du schamanisch praktizierst, umso feiner wird deine Wahrnehmung werden, und du wirst das Muster der Seelensprache immer mehr verstehen. Bleib dran, es lohnt sich in jedem Fall.

Eine wirkliche Seelenbotschaft erkennt man ebenfalls daran, dass sie einen mitten im Herzen berührt, selbst wenn man sie zunächst noch nicht wirklich verstehen kann. Es ist wie ein plötzliches Erkennen, man spürt, dass es wahr ist, auch wenn man es sich vielleicht nicht erklären kann. Es sind Aha-Momente, die mit der Zeit, nach und nach, aufgehen wie geschlossene Blütenknospen, um dann ihren vollen Inhalt als Blüte zu zeigen, auf allen Sinnesebenen. Und genau das ist für mich der schamanische Weg: ein Weg der Hingabe, des Spürens und Fühlens, des Vertrauens und Fallenlassens, der Weg des Herzens. Ein Verlassen der Rationalität und des Pragmatismus hin zum Erspüren, Sich öffnen und Empfangen. Eine neue oder eher vergessene Art des Sehens, die du mithilfe der schamanischen Arbeit wieder erfahren kannst.

Wenn du bei deinen ersten Erfahrungen mit schamanischer Arbeit die „Seelensprache" noch nicht wahrnehmen kannst oder unsicher bist, ist das absolut nichts Schlimmes. Diese Sprache zu lernen, ist genauso ein Akt deiner persönlichen Entwicklung wie jedes andere Erlernen neuer Dinge auch. Setz dich nicht unter Druck und vertraue darauf, dass deine Seele sich dir immer mehr zeigen wird, je öfter du in bewussten Kontakt mit ihr trittst. Wie bereits ausgeführt, ist der schamanische Weg ein Erfahrungsweg, den du beschreitest, um dich selbst besser kennenzulernen. Du wirst zunehmend mehr Vertrauen in deine innere Weisheit aufbauen und dein Herz mehr und mehr öffnen können. Das braucht natürlich etwas Zeit und Wille. Der Klang der Trommel, Ausflüge in die Natur, Räucherungen und das Lesen entsprechender Literatur können dich auf diesem Weg tatkräftig begleiten. Du hast natürlich auch jederzeit die Möglichkeit, mit einem Schamanen/einer Schamanin zusammenzuarbeiten, um eventuell bestehende Blockaden aufzuspüren und zu lösen.

Erste Kontaktaufnahme zur eigenen Seele

Unsere Seele besteht, wie alles andere in diesem Universum, aus mehreren Dimensionen, die für unsere Kontaktaufnahme wichtig sind. Im Schamanismus unterscheidet man dabei zwischen Seelengarten, Seelenenergiefeld (Aura), Seelenenergiezentren (Chakren) und der Verbindung zum Göttlichen/ Universum. So drückt sich unsere Seele in Form unseres Unterbewusstseins über den Seelengarten aus. Die Aura, die uns umgibt, verbindet die uns umgebende äußere Welt mit unserer inneren, den Chakren. Diese verbinden wiederum deinen Seelengarten mit deiner Aura. Unsere Seele ist demnach unser Speicher für alle Erfahrungen, die die Seele in all ihren Leben gesammelt hat, und auch der Weisheiten, die daraus entstanden sind. Über sie sind wir jederzeit mit unserem lichtvollen Ursprung verbunden.

Im Schamanismus geht man also davon aus, dass du dich als Mensch jederzeit in Kommunikation mit deiner Seele befindest. Alles was du denkst, fühlst und machst, hat Auswirkungen auf dich selbst und andere. Deine Seele ermöglicht es dir, basierend auf ihrem Erfahrungsschatz, mit Herz und Verstand dein Leben zu gestalten. Dabei sammelst du weiterhin neue Erfahrungen, die deine Seele weiter heranreifen lassen. Es ist ein lebenslanges Lernen, und das umfasst u. a. im schamanischen Sinne nicht nur dein jetziges Erdenleben.

Mit der eigenen Seele Kontakt aufzunehmen, ist ein Weg, dein Leben facettenreicher und sinnvoller wahrnehmen zu können. Du hast dann die Möglichkeit, die Reife deiner Seele kennenzulernen und ihre Tiefe zu erfahren. Wir kratzen nicht mehr nur an der Oberfläche und funktionieren in unserem Leben, wie wir es vielleicht gelehrt bekommen haben. Unsere Seele lehrt uns, achtsamer und reflektierter zu erkennen, warum wir so sind, wie wir sind, warum wir in bestimmten Situationen entsprechend handeln und in welchen Mustern wir denken. Sie zeigt uns den tieferen Sinn unseres Lebens und auch, wie du dich zum Ausdruck bringen kannst und zwar so, wie du wirklich bist.

Du möchtest jetzt sicherlich wissen, wie du mit deiner Seele in Kontakt treten kannst. Die schamanische Arbeit gibt dir viele Möglichkeiten, das zu tun. Durch Ritualarbeit, die schamanische Seelenreise und die Aufstellungsarbeiten zu bestimmten Themen kannst du sie immer mehr kennenlernen. Doch der erste Schritt sollte sein, in die Stille zu gehen und das Lauschen zu Lernen. Im Gegensatz zum Zuhören ist das Lauschen nicht wertend, sondern liebevoll wahrnehmend. Du kannst es gleich ausprobieren:

Übung: Suche dir einen ungestörten Ort in deinem Zuhause oder in der Natur. Wähle einen bequemen Sitz, der es dir erlaubt, mindestens fünf Minuten ohne große Bewegungen zu verbleiben. Vergewissere dich, dass störende Faktoren wie z. B. dein Handy jetzt abgestellt sind. Atme tief ein und wieder aus und schließe sanft deine Augen. Konzentriere dich auf deine Ohren. Was hören sie im Außen? Gib jedem Geräusch, das du hörst, einen Titel wie z. B. Vogelgezwitscher, Rasenmäher. Nachdem du es betitelt hast, lass es los und versuche, ein anderes Geräusch wahrzunehmen. Bleibe mit der Konzentration weiterhin bei deinen Ohren, die all das empfangen und weiterleiten. Wenn Gedanken auftauchen, die dich in einen Dialog verwickeln wollen, registriere es und komme zurück zu deinem Fokus auf die empfangenen Geräusche. Es ist vollkommen normal, dass unser Geist beginnt, Geschichten zu erfinden, die deine Wahrnehmung einordnen möchten. Schließe deine Übung ab, wenn du das Gefühl hast, dass du alles um dich herum bewusst wahrgenommen hast und du im Tagesverlauf weiter fortfahren möchtest.

Wiederhole diese Übung am nächsten Tag. Finde wieder einen aufrechten Sitz, der trotzdem bequem für dich ist. Du kannst natürlich auch auf einem Stuhl oder in einem Sessel sitzen. Heute fokussierst du dich auf deine Körperempfindungen. Schließe die Augen und spüre deinen Körper. Nimm wahr, welche Signale er dir sendet, und gib ihnen einen Titel wie z. B. Kribbeln, Kälte, Ziehen, Schmerz. Führe diese Übung so lange aus, bis du das Gefühl hast, deine Wahrnehmung für deine Körperempfindungen genug geschärft zu haben.

Idealerweise praktizierst du am dritten Tag die nächste Übung, die dich mit deiner Seele in Kontakt bringen möchte. Sitze wieder bequem und aufrecht mit geschlossenen Augen. Lass deinen Atem frei fließen, forciere nichts. Lenke deine Aufmerksamkeit heute auf dein Inneres. Nimm wahr, wie sich dein Inneres dir zeigt. Bist du in deinem Herzen? Oder zeigt sich ein Raum? Befindest du dich in einer Landschaft? Und wieder: Gib deinen Empfindungen einen Titel, z. B. hell, Wärme, Herz. Übe das innere Lauschen, das nicht wertet, sondern wahrnimmt. Spürst du die Präsenz deiner Seele?

Am letzten Tag der Übung bereitest du dich mit einer Frage vor. Was würdest du gerne von deiner Seele wissen wollen? Es könnte eine Frage zu einem bestimmten Problem sein. Du kannst aber auch Fragen an die Seele stellen, die dir helfen können, sie besser zu verstehen. Sitze also wieder in deinem gewählten Sitz und schließe deine Augen. Atme entspannt und fokussiere dich wieder auf dein Inneres. Zeigt es sich genauso wie gestern? Nimm wahr und sortiere kurz deine Eindrücke, indem du ihnen Titel gibst. Wenn du den Impuls spürst, stelle deine Frage in den Raum und lausche anschließend. Was taucht auf? Empfängst du eine Antwort? Wie fühlst du dich in diesem Moment? Siehst du vielleicht Bilder oder hörst Worte? Empfange und atme weich. Wenn du das Gefühl hast, deine Frage wurde beantwortet, öffne langsam die Augen und spüre kurz nach.

Du kannst alle Übungen jederzeit wiederholen, in deinem Tempo und in deiner Zeit. Mit jeder weiteren Übung wirst du merken, dass du sensibler wirst für diese innere Stimme, die dir zuflüstert. Leider wurde sie oft verdeckt durch zu viel Lärm im Außen, aber auch Chaos im Inneren, das nicht gelöst wurde. Das Fühlen wieder zu lernen, ist eine Qualität, die die Menschheit dringend braucht, um friedvoll in die Zukunft zu gehen als Brüder und Schwestern.

Seelenreise – den eigenen Zugang finden

Mittlerweile hast du viel über die schamanische Arbeit erfahren. Du hast kennengelernt, wie Schamanen/Schamaninnen arbeiten, und vielleicht sogar schon eigene Rituale und Übungen durchgeführt. Es ist immer wieder die Rede von einer „schamanischen Reise“, die du jetzt, wenn du dich bereit dafür fühlst, kennenlernen kannst. Du solltest immer ein klares „Ja“ zur Reise wahrnehmen, intuitiv aus deinem Bauch heraus. Denn dein Bauchgehirn entscheidet in Sekundenschnelle, ob etwas gerade für dich gut ist oder eher nicht. Überprüfe demnach zunächst, ob diese Zustimmung zur schamanischen Reise gegeben ist.

Um eine schamanische Reise zur Seelenebene durchzuführen, gilt es, ein paar Vorbereitungen zu treffen und sich darauf einzustellen. Dies kann eine besonders schöne Zeit sein, da du dich langsam auf die anstehende Reise einlässt und deiner Seele bereits jetzt signalisierst, dass du dich öffnen möchtest für ihre Botschaften. Ich werde dir in diesem Abschnitt alle Schritte erklären und dich so zu deiner eigenen Seelenreise führen.

Ziel deiner Reise

Wenn du in dein Navigationsgerät keinen Zielort eingibst, kann es gut sein, dass du verspätet, über Umwege oder sogar gar nicht dort ankommst. Gleiches gilt für eine schamanische Reise, die ein bestimmtes Ziel zur Grundlage haben sollte. Sortiere also zunächst deine Gedanken und Gefühle, überlege, welches Anliegen dir gerade besonders wichtig ist, damit du zu Beginn deiner Reise eine klare Absicht äußern kannst.

Deine erste schamanische Reise könnte z. B. dazu dienen, dein Krafttier kennenzulernen. So würdest du dein Anliegen folgendermaßen formulieren: „Ich möchte auf dieser Seelenreise bitte mein Krafttier treffen und kennenlernen." Solltest du dein Krafttier noch nicht kennen, ist diese Reise essenziell, da dich dein Krafttier bei allen noch kommenden Reisen begleiten, unterstützen und schützen wird.

Sollte dir dein Krafttier mittlerweile schon vertraut sein, kannst du eine andere Frage wählen, die dir auf dem Herzen brennt. Schreibe dir deine Frage am besten vorher auf und lies sie dir täglich einmal durch. So kannst du in den Vorbereitungstagen feststellen, ob es wirklich gerade die wichtigste Frage für dich ist, oder ob du sie noch verändern möchtest. Formuliere deine Absicht so, dass die Antwort nicht lediglich „Ja“ oder „Nein“ lauten kann. Du möchtest ja konkrete Hinweise erhalten, wie du weiter verfahren sollst in dieser Angelegenheit.

Schamanische Hilfsmittel

Damit du dich während der Reise optimal mit deiner Seele verbinden kannst, nutze die unterstützende Kraft der schamanischen Hilfsmittel, die du bereits kennengelernt hast. Konzentriere dich bei der Auswahl auf deine Absicht und beobachte, zu welchen Räuchermischungen, Pflanzenölen und Naturmaterialien du greifst. Folge deiner Intuition und bereite diese Hilfsmittel vor, sodass du dich am Tag deiner schamanischen Reise nicht mehr darum kümmern musst. Deine gewählten Hilfsmittel werden dich energetisch begleiten und einen Rahmen schaffen, in dem du dich für diese Reise öffnen kannst. Bereite auch alle Gegenstände vor, die du für den Brandschutz benötigst, z. B. ein Glas Wasser, eine brandfeste Unterlage. Erinnere dich an den Rauchmelder und finde eine Lösung dafür, solltest du mit Kohle räuchern wollen.

Umfeld

In welchem Umfeld fühlst du dich in deiner Wohnung/in deinem Haus besonders wohl? Vielleicht möchtest du dir für die Zeit deiner Reise einen Bereich vorbereiten, den du mit Kissen, einer Unterlage und einer Decke ausstattest. Auch deine schamanischen Hilfsmittel dürfen hier ihren Platz finden. Hast du bereits einer Vertonung der schamanischen Trommel gefunden, die dir zusagt? Stelle das Abspielgerät bereit und achte darauf, dass die Trommelrhythmen mindestens 30 Minuten lang zu hören sind, damit du nicht aus deiner Reise gerissen wirst, sollte es abbrechen. Wenn es dir gefällt, dekoriere diesen Ort entsprechend deines Geschmacks, sodass du dich dort ganz wohl und authentisch fühlen kannst. Es wird empfohlen, bei einer schamanischen Reise auf dem Rücken zu liegen und sich dadurch zu erden. Wenn es dir sehr unbequem ist, finde eine dir passende Alternative, z. B. einen bequemen Sessel und einen Hocker, auf dem du die Beine hochlegen kannst. Überlege schon vorab, wie du eventuelle Störquellen beseitigen kannst. Das Handy sollte natürlich während deiner Reise im Flugmodus sein. Vielleicht kannst du sogar die Haustürklingel für eine halbe Stunde ausstellen. Bereite alles so vor, dass deine Auszeit der schamanischen Reise ganz dir gehört.

Heiliger Raum und Schutzkreis

Wenn all deine Vorbereitungen stattgefunden haben und du bereit bist für deine schamanische Seelenreise, lies dir zunächst alle weiteren Schritte durch, damit du sie vor deiner Reise schon kennst und gedanklich vollzogen hast.

Vor deiner schamanischen Reise ist es wichtig, den heiligen Raum zu öffnen und einen Schutzkreis zu errichten. Dies führt uns langsam in unsere innere Verbindung und schafft einen Abwehrmechanismus gegen unliebsame Energien. Du kannst die schamanische Trommel bereits ertönen lassen, während du dich nacheinander mit den dich unterstützenden Kräften verbindest. Gehe dafür wie folgt vor:

Bereite zunächst deine schamanischen Hilfsmittel vor, z. B. Räucherungen, Duftlampe, Naturmaterialien, Trommelmusik etc. Lege dich nun entspannt auf den Rücken oder wähle deine alternative Haltung und schließe die Augen. Verbinde dich zunächst mit deinem Atem, bis du das Gefühl hast, ruhig und entspannt zu sein. Konzentriere dich auf deine Aura, dein Seelenenergiefeld, und verbinde dich mit Mutter Erde und Vater Sonne. Du kannst dir vorstellen, wie dabei Wurzeln in den Boden wachsen, oder du spürst deine Auflagepunkte auf der Erde ganz bewusst. Öffne dich nach oben hin Vater Sonne und visualisiere das goldene Licht, das dich von oben her warm bescheint. Spüre, wie sich beide Energien in deinem Herzen treffen. Wende dich dann gedanklich an die vier Himmelsrichtungen, Süden, Westen, Norden und Osten. Bitte darum, dass sie sich mit ihrer Kraft, Weisheit und Liebe mit deinem Energiefeld verbinden und dich unterstützen.

Sprich dabei jede Himmelsrichtung einzeln an. Du musst dabei nicht genau wissen, in welcher Richtung sich die Himmelsrichtung befindet. Verbinde dich anschließend mit den vier Elementen Feuer, Erde, Wasser, Luft und bitte darum, dass sie sich mit ihrer Kraft, Weisheit und Liebe mit dir und deinem Herzen verbinden und so ihre Unterstützung entfalten. Wende dich auch hier mit deiner Bitte an jedes einzelne Element. Stelle dir anschließend vor, wie dich ein Kreis deiner Schutzpflanze umzäunt. Die Kraft der Brennnessel ist hier z. B. sehr wirksam. Diese Pflanzenseele schützt dein Energiefeld. Visualisiere, wie sie dicht um dich herum in die Höhe wächst.

Du kannst diese Vorbereitung rein gedanklich durchführen oder auch laut aussprechen. Ich flüstere meine Bitten um Verbindung meist leise und schicke sie so in den Raum. Nimm dir dafür die Zeit, die du brauchst. Mit zunehmender Übung wirst du immer sicherer und spürst ganz deutlich, dass dein heiliger Raum geöffnet und du dich sicher in deinem Schutzkreis befindest.

Wege in die Anderswelt

Wenn du dich mithilfe der schamanischen Trommel mit geschlossenen Augen in den Zustand der Trance begibst, betrachte, an welchem inneren Ort du zunächst ankommst. Um in eine andere Welt zu reisen, nutzen Schamanen und schamanisch Praktizierende sogenannte Portale. Sie stellen ein Tor zum Übergang in jene andere Welt dar. Wenn du sie durchschreitest, betrittst du eine andere Bewusstseinsebene als dein derzeitiges Wachbewusstsein und tauchst in die untere, mittlere oder obere Welt ein. Für eine schamanische Seelenreise kann die Anderswelt konkret angereist werden oder dein Krafttier führt dich in die Welt, die dir bei der Lösung deines Anliegens helfen kann. Es kann in Seelenreisen auch vorkommen, dass du mehrere Ebenen bereist, um Antworten auf deine Frage erhalten zu können.

Wenn du die Trommelmusik hörst und die Augen schließt, stell dir einen schönen Ort vor, an dem du gerade gerne sein möchtest. Sieh dich an diesem Ort, der dir gezeigt wird, zunächst um. Wenn du keine inneren Bilder erkennen kannst, spüre deine Empfindungen und versuche, dich fallen zu lassen, tiefer in dein Inneres.

Der Weg in deinen **Seelengarten**, die untere Welt, führt auch über ein Portal, das dich nach unten führt wie z. B. eine Treppe, ein Erdloch, eine Höhle. Mach dich auf die Suche nach einem solchen Eingang. Du kannst innerlich immer nachfragen, ob es der richtige Eingang ist. Durchschreite die Öffnung und folge dem Pfad nach unten. Jetzt solltest du einen zweiten Durchgangsbereich sehen wie etwa eine Tür. Wenn du sie öffnest, hast du den Eingang zu deinem Seelengarten erreicht. Spätestens jetzt rufst du dein Krafttier zu dir und wartest, bis es erscheint. Betrete die Anderswelt bitte immer nur in Begleitung deines Krafttiers, denn mit seiner Hilfe kannst du nun deinen Seelengarten erkunden und die entsprechenden Archetypen besuchen, die dir weiterhelfen können.

Berichte deinem Krafttier dafür von deinem Anliegen. Stelle deine Frage so klar wie möglich und warte die Reaktion deines Begleiters ab. In der Regel wird er dich jetzt durch die untere Welt führen und dich zu entsprechenden Orten und Archetypen bringen. Es können auch Archetypen erscheinen, die du nicht in meiner Beschreibung nachlesen konntest. Bedenke immer, dass jede schamanische Reise sehr individuell ist und keinen Normen unterliegt, die zu erfüllen sind. Bleibe offen und neugierig, spüre, betrachte und erfahre.

Du bist zu jeder Zeit wach und aktiv, auch wenn du durch den Trommelrhythmus sehr entspannt bist. So entscheidest du auch, wann deine Reise beginnt und wann es wieder Zeit ist, zu gehen. Äußere innerlich immer entsprechende Ansagen wie z. B.: „Ich möchte jetzt meinen Seelengarten betreten", „Krafttier, bitte erscheine jetzt und führe mich durch den Seelengarten", „Wer kann mir bei meiner Frage weiterhelfen?", „Ich möchte die Seelenreise jetzt beenden. Krafttier, bitte bringe mich zum Ausgang".

Eine Reise in die **mittlere Welt**, die energetische Parallelwelt zu unserer Wirklichkeit, betrittst du z. B. über ein Tor auf gleicher Ebene zu dem Ort, an dem deine schamanische Reise beginnt. Rufe bereits hier dein Krafttier an deine Seite. Oft befindest du dich anschließend in einem Übergangsbereich, den du durch ein weiteres Tor oder eine Tür wieder verlassen kannst. So betrittst du die mittlere Welt, die deiner realen Welt sehr ähnlich sein kann. Hier kannst du deine Aura und deine Chakren erkunden.

Jedes Seelenenergiezentrum wird von einem Hütetier beschützt. Du kannst darum bitten, dass es erscheint und dir berichtet, in welchem Zustand das jeweilige Chakra gerade ist. Frage es auch, was du tun kannst, um es z. B. zu reinigen, zu energetisieren oder um Blockaden zu lösen. Du kannst dich in dieser Welt mit deinem Seelenenergiefeld verbinden und überprüfen, ob es einer Reinigung von Fremdenergien bedarf oder ob es kräftig und energetisch ist, um dich zu schützen.

Das Tor zur **oberen Welt** zeigt sich dir vielleicht als eine Treppe nach oben, ein Aufzug oder ein Tier, das dich nach oben trägt. So erreichst du diese helle und lichtvolle Welt der Engel und geistigen Lehrer. Die Energie in dieser oberen Welt ist spürbar hochschwingend. Bei einer Reise dorthin lässt du dich natürlich ebenfalls von deinem Krafttier begleiten. Auf dieser Ebene kannst du Kontakt zu deinem

Geistlehrer aufnehmen und Fragen zu deiner Lebensaufgabe stellen. Da sich dieser Bereich sehr komplex darstellt, empfehle ich dir, eine bewusste Reise dorthin nur unter Anleitung eines erfahrenen Schamanen/einer erfahrenen Schamanin durchzuführen.

Für alle Ebenen gilt ausnahmslos: Reise immer mit deinem Krafttier an deiner Seite und lasse dich von ihm führen. Stelle zu jeder Zeit Fragen an deinen Begleiter, sollte dir etwas unklar sein. Dafür ist es wichtig, dass du im Vorfeld eine vertrauensvolle Beziehung zu deinem Krafttier aufgebaut hast. Nutze daher deine erste schamanische Seelenreise dafür, dein Krafttier kennenzulernen und Zeit mit ihm zu verbringen. Befrage es zu seinen Eigenschaften und erkundige dich, wie es dich konkret unterstützen kann. Lass dir deinen Seelengarten zeigen und auch die jeweiligen Ein- und Ausgänge. So gewinnst du mehr Sicherheit und Routine für deine noch folgenden Seelenreisen.

Durchführung einer schamanischen Seelenreise

Jetzt bist du gut vorbereitet, um in der Praxis eine schamanische Seelenreise durchzuführen. Am besten geht das natürlich, wenn du von außen angeleitet wirst wie z. B. durch eine CD oder durch einen Schamanen/eine Schamanin. An dieser Stelle kannst du selbst entscheiden, welchen Weg du gehen möchtest. Du hast natürlich auch die Möglichkeit, diese Seelenreise für dich alleine zu vollziehen, indem du dich gedanklich Schritt für Schritt durch die Reise führst. Ich liste dir nachfolgend noch einmal alle Schritte im Einzelnen auf:

- Hast du deine Zielfrage bereits formuliert? Dann mach sie dir jetzt noch einmal bewusst, damit du sie bei deiner schamanischen Reise klar stellen kannst.

- Kümmere dich jetzt um deine Umgebung. Ist es warm genug für dich an deinem Ort? Liegen eine Decke und ein Kissen bereit? Kannst du für mindestens eine halbe Stunde hier ungestört bleiben? Ist das Handy im Flugmodus?
- Entzünde als Nächstes deine Räuchermischung oder deine Duftlampe. Spüre, wie die Seele dieser Pflanze dich sanft einhüllt und dich entspannt.
- Höre ab jetzt die schamanische Trommel und lausche ihrem Rhythmus. Achte auf eine für dich passende Lautstärke.
- Lege dich bequem auf den Rücken, spüre deine Berührungspunkte mit Mutter Erde und komme hier an. Eine tiefe Bauchatmung kann dich dabei unterstützen.
- Beginne nun gedanklich oder leise sprechend, den heiligen Raum zu öffnen. Verbinde dich nacheinander mit Mutter Erde, Vater Sonne, den vier Himmelsrichtungen und den vier Elementen. Spüre, wie dieser innere Raum sich öffnet.
- Visualisiere jetzt einen Schutzkreis um dich herum mit deiner Helferpflanze, z. B. der Brennnessel. Stell dir vor, wie sie um dich herum hoch und dicht wächst, sodass ein Vordringen zu dir sehr schmerzhaft wäre.
- Nun bist du an einem Ort in der Natur, an dem du zunächst ankommst und dich wohlfühlst.
- Dort siehst du dich um und suchst nach deinem Portal in den Seelengarten. Es ist eine Öffnung, die dich hinunter in die untere Welt führen wird.
- Durschreite den Übergangsbereich in deinen Seelengarten, es könnte eine Tür oder ein Tor sein.
- Wenn du dein Krafttier noch nicht kennst, ist es nun an der Zeit, darum zu bitten, dass es bei dir erscheinen soll. Frage jedes Tier, das erscheint dreimal, ob es dein Krafttier ist. Wenn es deine Frage dreimal mit „Ja“ beantwortet, kannst du darauf vertrauen, dass es deins ist.

- Du kannst jetzt entscheiden, ob du diese Reise nutzen möchtest, um dein Krafttier besser kennenzulernen, oder ob du ein Anliegen klären möchtest. Erinnere dich an deine Zielsetzung am Anfang der Reise.
- Stelle deinem Krafttier die Frage, wofür du in den Seelengarten gekommen bist.
- Dein Krafttier wird sich mit dir auf den Weg machen durch den Seelengarten. Beobachte, was du alles entdecken kannst. In welcher Landschaft seid ihr unterwegs? Ist es Tag oder Nacht? Welche Jahreszeit könnte gerade sein?
- Wenn ihr bei einem Archetypen oder einem innerseelischen Ort angekommen seid, kannst du erst einmal erfragen, welcher Archetyp das ist, falls du dir unsicher bist. Stelle anschließend deine vorbereitete Frage und warte die Antwort oder Handlung deines innerseelischen Helfers ab. Frage immer sofort nach, wenn du etwas nicht verstehst oder noch mehr Erklärungen brauchst. Es kann auch vorkommen, dass dich dieser Archetyp noch zu einem weiteren schickt, um umfassender auf dein Problem eingehen zu können. Bitte dein Krafttier darum, dich dort hinzubringen. Erkundige dich auch danach, was du konkret in deinem Leben tun kannst, um dein Problem zu lösen, und höre dir die Ratschläge der Archetypen an. Sie wollen dich in deinem Heilungsprozess unterstützen und werden versuchen, es dir anschaulich und verständlich zu erklären.
- Erst wenn du das positive Gefühl verspürst, dass du genug Antworten auf deine Fragen erhalten hast, bittest du dein Krafttier, dich zurück zum Ausgang des Seelengartens zu bringen.
- Bedanke dich für die Unterstützung und gehe durch den Übergangsbereich wieder nach oben, um an deinem Anfangsort anzukommen.

- Öffne dann langsam deine Augen und komme in deiner Geschwindigkeit wieder in der Alltagsrealität an. Jetzt ist nicht der Moment, schnell wieder an die Arbeit zu gehen. Nimm dir bitte noch ein wenig Zeit, um über das gerade Geschehene zu reflektieren. Es kann sein, dass deine Erinnerung an die Seelenreise schnell verblasst. Ich würde dir daher empfehlen, dir die wichtigsten Punkte in einem Journal aufzuschreiben. Notiere dir jetzt bereits deine Gedanken dazu, Impulse die in dir hochkommen. Es können sich auch neue Fragen ergeben, die du dann in einer weiteren Seelenreise klären möchtest.
- Solltest du von deinen Archetypen Aufgaben oder Hinweise erhalten haben, was jetzt zu tun ist, plane die Umsetzung. Sollst du vielleicht ein bestimmtes Ritual ausführen? Gibt es eine Person, mit der du ein wichtiges Gespräch führen musst? Musst du gegebenenfalls eine weitere schamanische Reise in die mittlere Welt unternehmen, um Blockaden in deiner Aura oder deinen Chakren zu lösen?
- Integriere die Botschaften deiner Seelenreise in deinen Alltag und werde feinfühlig für Veränderungen und weitere Zeichen.

Die Zeit nach einer Seelenreise ist die Zeit der Integration der erfahrenen Weisheiten. Warum sie so wichtig ist und wie du sie genau gestalten kannst, verrate ich dir anhand von Beispielen im nächsten Kapitel.

Finde deine Stärke – Weiterarbeit mit Seelenbotschaften

Die schamanische Arbeit möchte dich zurück in deine Kraft bringen, von Blockaden und Ängsten befreien. Im Schamanismus kannst du Möglichkeiten finden, dich mit dir selbst auseinanderzusetzen und wieder in Kontakt mit deiner Seele zu kommen, wieder „ganz" zu werden. Doch wer finden will, muss auch suchen. Daher ist es wichtig, dass du für dich ausprobierst, ob der schamanische Weg dein Herz anrührt.

Bei mir war das lange Zeit nicht der Fall, im Gegenteil, ich wollte nichts davon hören. Trotzdem war ich auf der Suche nach Möglichkeiten, mit all den Situationen und Geschehnissen in meinem Leben umgehen zu können. Doch irgendwie waren mir Schamanen unheimlich und ihre ganzen Rituale zu viel Show. Mit der Zeit wurde ich immer angesprochen, ob ich denn schamanisch praktizieren würde. Ich konnte mir das nicht erklären, denn ich wusste bis zu diesem Zeitpunkt rein gar nichts über Schamanismus. Per „Zufall" lernte ich bei einem Ausbildungsseminar zum Thema „Tarotkarten" eine Schamanin kennen. Wir unterhielten uns, und wieder fragte auch sie mich, ob ich darüber Bescheid wüsste, dass ich das schamanische Wissen in mir trüge. Es dauerte noch ein paar Wochen, bis ich mich bei ihr zu meiner ersten geführten Seelenreise anmeldete. Alles war neu und ungewohnt.

Die Reise fand in einer kleinen Gruppe statt, die bereits Erfahrung mit schamanischen Reisen hatte. Als die Reise begann, bekam ich Gänsehaut am ganzen Körper. Die Klänge ihrer Trommel waren so intensiv und rührten etwas Verborgenes in mir an. Relativ schnell zeigten sich Bilder und Emotionen, eine ganz neue Welt, die so facettenreich war. Ich glaubte, dass wir nach einer halben Stunde die Reise beendet hatten. Tatsächlich waren wir jedoch zwei Stunden in der Trance.

Der anschließende Austausch mit den Teilnehmern war sehr hilfreich und ich konnte erkennen, wie unterschiedlich jeder diese Anderswelt wahrnahm und auch jeder für sich andere Erkenntnisse aus der Reise zog. Diese erste Reise wirkte lange bei mir nach. Irgendwie fühlte ich mich zuhause in dieser Anderswelt, aber auch stärker verbunden mit mir selbst. Ich konnte erkennen, dass ich sehr viel nach Lösungen im Außen suchte, statt in mich zu gehen und dort zu lauschen.

Eigentlich war es naheliegend, aber wie so oft braucht es erst einen neuen Impuls von außen, um wieder eine neue Erkenntnis zu erlangen. Hier begann meine schamanische Reise und sie hört bis heute nicht auf, denn ich erzähle dir meine Geschichte, damit du nachvollziehen kannst, dass der schamanische Weg kein „quick Fix" ist, sondern du Schritt für Schritt vorangehst und so immer tiefere Schichten deiner selbst kennenlernst.

Zwischen meiner ersten schamanischen Reise und meinen heutigen liegen Welten. Die Wahrnehmung schult mich immer mehr, die Botschaften werden klarer und ich verstehe mich selbst immer besser. Es sind die Aha-Momente, die dir weiterhelfen möchten, den Weg der inneren Heilung zu gehen, damit auch äußere Heilung stattfinden kann. Daher ist der Integrationsprozess, die Zeit nach den schamanischen Praktiken, so wichtig und sollte nicht ausgelassen werden. Denn in ihm geht es darum, mit den gewonnenen Erkenntnissen weiterzuarbeiten und sein Leben auf ein nächstes Level zu heben.

Integrationsprozess – Seelenbotschaften deuten und integrieren

Als Integrationsprozess wird demnach die Phase bezeichnet, die auf eine schamanische Seelenreise oder Aufstellungsarbeit folgt. Erst jetzt kann das volle Potenzial deiner Reise in die Anderswelt in deiner Alltagsrealität entfaltet werden. Zunächst geht es darum, die Botschaften deiner Seele deuten zu lernen. Vielleicht hast du dir nach deiner Seelenreise ein paar Notizen gemacht, die dir helfen, die Botschaften zu memorieren. Wie stellten sich dir diese dar? Hast du Bilder gesehen oder Aufforderungen erhalten? Oder war es eher eine Ahnung, ein Gefühl? Gehe deine Reise noch einmal schrittweise, jetzt in deinem Alltagsbewusstsein, durch. Achte auf Signale, die dein Körper dir zeigt. Was berührt dich in deinem Herzen? Bei welchen Aspekten schaltet sich dein Verstand ein? Welche Parallelen und Muster kannst du erkennen? Kannst du zusammenfassend eine Kernbotschaft herausarbeiten?

Praxisbeispiel: Ich möchte dir dafür ein Beispiel aus meinen persönlichen Seelenreisen geben, damit du eine Vorstellung davon bekommen kannst, wie sich zunächst eine schamanische Reise zeigen kann und wie sich der anschließende Integrationsprozess gestalten könnte. Doch wie bereits erwähnt, es gibt so viele Möglichkeiten, meine stellt nur eine davon dar.

Ich hatte oft im Leben das Gefühl, von dem Empfinden wahrer Liebe abgeschnitten zu sein. Mein Herz schien einen unsichtbaren Panzer zu tragen, um ja nicht verletzt werden zu können. Dieser Schutz war natürlich nachvollziehbar hinsichtlich verschiedener Ereignisse in meinem Leben, brachte aber in meinen Beziehungen so einige Probleme mit sich, wie du dir vorstellen kannst. Wenn Liebe nicht frei fließt, zu uns hin und von uns weg, ist eine wirklich tiefe Verbindung und Partnerschaft kaum möglich und scheitert letztendlich sogar daran. Diese Problematik wollte ich nun aktiv angehen, indem ich mir Unterstützung durch eine schamanische Seelenreise holte, die wie folgt ablief:

Mein Anliegen formulierte ich folgendermaßen: „Ich möchte bitte bei dieser Seelenreise erfahren, warum ich mich von dem Gefühl der Liebe abgeschnitten fühle und wie ich diese Trennung aufheben und heilen kann.“ Meine Reise führte mich zunächst in die untere Welt, meinen Seelengarten, wo mich mein Krafttier bereits erwartete. Er zeigte sich wie immer in einer schönen, weiten Landschaft mit Bergen und Tälern. Ich erzählte meinem Krafttier von meiner Problematik und es brachte mich auf einen Berggipfel, auf dem ein alter Schamane saß und den Mond andächtig betrachtete.

Ich näherte mich achtsam und fragte, ob ich mich neben ihn setzen dürfte. Über eine Geste zeigte er sein Einverständnis. Zusammen blickten wir in den Himmel und ich stellte ihm meine Frage. Der Nachthimmel zeigte sich mir nun als eine Art Leinwand und ich konnte ein Herz erkennen. Zu diesem Herzen führten mehrere Leitungen. Doch in fast jeder dieser Leitungen steckte ein Korken, wie in einer Weinflasche. Ich sah, wie ich selbst diese Korken gesetzt hatte, daher konnte ich sie auch selbst wieder entfernen.

Die Bilder am Nachthimmel verschwanden und ich saß noch eine Weile still neben dem alten Schamanen, der sich wohl als mein innerer Lehrer zeigte. Ich fragte mein Krafttier, wer mir dabei helfen könne, diese Korken wieder zu entfernen. Es erklärte mir, dass wir weiterreisen sollten zum Feuer der Transformation, um dort meine Herzenskriegerin zu treffen. Sie würde mich dabei unterstützen. Dort angekommen, wartete sie schon auf mich und begrüßte mich mit einem mir bekannten Ritual. Jedes Mal, wenn wir uns trafen, zeichnete sie mir mit Farbe Markierungen in mein Gesicht. Nun hatten wir die gleiche Bemalung und ich fühlte mich selbst wie eine Kriegerin des Herzens.

Wir blickten gemeinsam in das Feuer der Transformation und es tauchten Bilder auf. Ich sah verschiedene Situationen aus unterschiedlichen Lebensbereichen. Verletzungen durch andere Personen, die meinem Herzen sehr zusetzten. Die Herzenskriegerin nahm meine Hände und streckte sie Richtung Feuer. Ich spürte die davon ausgehende Wärme auf meinen Handflächen. Sie forderte mich auf, diese Korken an das Feuer zu übergeben und den Verletzungen so die Chance zu geben, sich heilsam zu transformieren.

Es fiel mir nicht leicht, in diesem Moment loszulassen, war doch sehr viel Schmerz mit jedem einzelnen Korken verbunden. Ein paar davon konnte ich dem Feuer übergeben, jedoch nicht alle. Ich senkte meine Arme und blickte meine Herzenskriegerin fragend an. Sie bat mich, jetzt meine innere Heilerin aufzusuchen, denn sie würde mir Möglichkeiten zeigen, die entstandenen Wunden zu verarzten. Mein Krafttier brachte mich zu ihr. Sie ist eine junge, wunderschöne

Frau, die mir bereits aus ihrem kleinen Waldhäuschen entgegenkam. Ich erzählte ihr mein Anliegen und meine Erfahrung am Feuer der Transformation.

Sofort suchte sie in ihrem Fundus nach Dingen, die mir helfen könnten. Zum einen wären die Heilsteine Rosenquarz und Bergkristall sehr wirksam für meine Heilung. Ich könne sie mir als Kette umhängen, damit sie nah am Herzen seien. Zusätzlich sollte ich reines Rosenöl auf meinem Brustraum auftragen und regelmäßig Rosenblätter räuchern. Sie würden mich wieder an die Liebe erinnern und wohltuend für meine Verletzungen sein. Dann legte sie meine Hände auf meinen Herzraum und bat mich, mir goldenes Licht vorzustellen und um Heilung zu bitten. Je länger ich das mache, umso leuchtender wurde mein Herz, und ich sah, wie kleine goldene Schmetterlinge der Leichtigkeit aus meinem Herzen auftauchten.

Abschließend gab mir meine innere Heilerin noch einen Rat: „Sammle Erfahrungen und schule dein Herz. Lerne die Liebe neu kennen und lass sie wachsen. Aber Vorsicht, dass du nicht wieder neue Korken errichtest. Pflege dein Herz!“ Mit diesem letzten Hinweis spürte ich, dass die Reise beendet war, bedankte mich und bat mein Krafttier, mich zum Ausgang des Seelengartens zu bringen. Dort verabschiedete ich mich und kehrte in die Alltagswirklichkeit zurück.

Integrationsprozess: Nach der Reise nahm ich mir erst einmal die Zeit, um alles in meinem kleinen Büchlein zu notieren, das ich mir extra dafür angelegt hatte. Das nochmalige Durchgehen der Seelenreise half mir, das Geschehene auf meine Alltagsebene zu holen, und bereits während des Aufschreibens verknüpfte ich es mit meinen Eingebungen, die sich in diesem Moment aus einer anderen Bewusstseinsebene ergaben.

Zunächst hatte ich das Bedürfnis, mir das Herz mit den verschlossenen Zugängen aufzuzeichnen und es zu betrachten. Innerlich kam dann sehr schnell das Bedürfnis, dass ich diesen Zustand nicht mehr wollte und auch zukünftig alles dafür tun möchte, dass dies nicht mehr geschieht. Ich schrieb ein paar Zeilen für mein Herz und bekundete darin, dass ich mich jetzt um es kümmern würde.

Mein zweiter Impuls war, dass ich diesen kleinen Brief mit dem Bildchen gerne dem Element Feuer übergeben wollte, um mein Versprechen sozusagen zu besiegeln und für die Umsetzung die Antriebskraft des Feuers zu nutzen. Ich führte also eine kleine Feuerzeremonie durch, bewusst und liebevoll.

Die Tage darauf reflektierte ich darüber, wie sich diese „Korken" konkret in meinen Handlungen äußerten. Es war für mich wichtig, die jeweiligen Mechanismen zu erkennen, die diese Korkensetzung auslösten, und zu verstehen, welches Handeln durch mich folgte. Schnell sah ich die einzelnen Momente vor meinem inneren Auge, die mir Ursache und Reaktion zur Schau stellten. Ich notierte sie alle, um mir dessen mehr bewusst zu werden.

Anschließend überlegte ich, wie ich alternativ handeln könnte. Ich könnte z. B., statt beleidigt die kalte Schulter zu zeigen, ganz klar ansprechen, dass mich ein bestimmtes Verhalten gerade verletzt hat. Oder ich könnte das Verhalten meines Gegenübers empathisch analysieren und erkennen, dass diese Verletzung gar nicht mir galt, sondern ein Ausdruck eigener Verletzung war usw. Noch wichtiger erschien mir jedoch, mich in meinem Alltag konkret in Situationen zu üben, die ich mir da gerade notiert hatte. Es war zugegebenermaßen nicht leicht, da bestimmte

Verhaltensmuster wie auf Autopilot ablaufen, wenn sie erst getriggert werden.

Ich nahm mir also die Ratschläge meiner inneren Heilerin wirklich „zu Herzen“ und setzte sie um. Ein Rosenquarz war bereits in meinem Besitz, und oft hielt ich ihn einfach nur in der Hand und meditierte eine kurze Weile mit ihm. Einen Anhänger aus Bergkristall hatte ich mir schon vor Jahren gekauft, aber nicht mehr getragen. Jetzt war seine Zeit gekommen, wieder nah an meinem Herzen zu sein. Auch das Räuchern der Rosenblätter und die Selbstmassage mit Rosenöl integrierte ich in meinen Alltag. Immer mit vollem Bewusstsein, dass ich das für die Heilung meines Herzens tat. Der Ratschlag meiner inneren Heilerin, mein Herz zu pflegen, wurde zu meinem Mantra und damit zur obersten Priorität. Immer wieder sprach ich mir diesen Ratschlag innerlich vor: „Ich pflege mein Herz.“

Mit der Zeit merkte ich erst, wie viele Kompromisse ich eingegangen war und wie sehr ich mein Herz wirklich vernachlässigt hatte. Es ist wahrlich ein Akt der Selbstliebe, Verletzungen nicht einfach hinzunehmen und bluten zu lassen, sondern aktiv die entstandenen Wunden zu versorgen bzw. erst gar keine neuen entstehen zu lassen. Mir wurde immer klarer, dass ein Panzer um das Herz nicht sinnvoll ist. Es warten so viele schöne Ereignisse im Leben darauf, unser Herz mit Liebe zu berühren, mit einem Schutzwall ist das kaum möglich.

Natürlich macht uns das verletzbar, wenn wir diese Herzmauer loslassen, aber ich habe gelernt, dass ich selbst entscheide, ob ich mich verletzen lasse. Es ist wirklich eine aktive Entscheidung, der man sich bewusst werden kann. Mein Integrationsprozess verlief über viele Wochen und Monate, und wenn ich so darüber nachdenke, ist er nach wie vor nicht abgeschlossen, weil mich verschiedene Begegnungen mit Menschen immer wieder an diese Reise erinnern und mich auffordern, in meine Selbstverantwortung für mein Herz zu kommen, welches meine Pflege zu jedem Moment verdient.

Anhand meines Beispiels hast du jetzt vielleicht Impulse bekommen, wie du mit deinen Seelenbotschaften weiterarbeiten kannst. Werde kreativ und folge deinen inneren Impulsen. Daraus können wunderschöne Rituale, Gedichte und Texte, Bilder und letztendlich neue Lebensgeschichten entstehen. Nimm dir also unbedingt die Zeit der Integration, um diesen dir gegebenen Schatz wirklich bergen zu können.

Verschiedene Möglichkeiten der Seelenreise

Eine schamanische Seelenreise durchzuführen, beginnt, wie du bereits weißt, mit deiner Absicht. Du hast demnach auch verschiedene Möglichkeiten, eine Reise zu vollziehen. Ich möchte dir anschließend kurz einige Varianten einer Seelenreise vorstellen. Sie dienen dir, wenn du weiter schamanisch arbeiten und dich noch tiefer mit schamanischer Heilarbeit beschäftigen möchtest. Eine ausführliche Anleitung der jeweiligen Reisen würde den Rahmen dieses Buches sprengen. Wenn dich jedoch ein Themenbereich besonders anspricht, geh auf Entdeckungsreise und beschäftige dich intensiver damit und/oder kontaktiere einen Schamanen/eine Schamanin zur Unterstützung. Vielerorts werden auch Gruppenreisen angeboten, die dir eine angeleitete Seelenreise ermöglichen. Die Krafttierreise stelle ich an dieser Stelle nicht mehr vor, da du sie mittlerweile kennengelernt hast.

Reise zu den vier Himmelsrichtungen

Das Medizinrad hast du in Kapitel 2.4 „Schamanische Aufstellungsarbeit“ bereits kennengelernt. Es teilt sich in die vier Quadranten der Himmelsrichtungen auf. Dabei steht jede Himmelsrichtung für einen bestimmten Bereich unseres Lebens, den du gezielt über die Himmelsrichtungen anreisen kannst. Wenn du alle vier Himmelsrichtungen bereist, erkundest du sozusagen über schamanische Seelenreisen das Medizinrad auf eine andere Weise als durch die Aufstellung.

Beginnen wir mit dem **Süden**: Diese Himmelsrichtung symbolisiert Verletzungen, die du in der Vergangenheit erfahren musstest. Darunter fallen auch solche, die in vergangenen Leben zugefügt wurden. Oft gibt es eine große Wunde, die sogenannte Urwunde, derer wir uns nicht bewusst sind, die aber großen Einfluss auf unser Leben nimmt. Du kannst dir also vorstellen, dass eine Heilung dieser Verletzung sehr wichtig für uns Menschen ist, damit wir frei werden und aus Liebe handeln, nicht aus Schmerz.

Eine entsprechende Seelenreise führt uns in Richtung der unteren Welt in einen Theatersaal, in dem du Platz nehmen darfst. Dein Krafttier ist natürlich auch dabei. Hier kannst du dir die Situation ansehen, um zu erkennen, wodurch sie verursacht wurde. Um diese Urwunde in Heilung zu bringen, findest du Hilfe in einer Schatzkammer, deren Eingang sich dir auf dem Weg in die untere Welt zeigt. Dort kannst du in Empfang nehmen, was helfen will, diese Situation in eine lichtvolle zu verwandeln. Es könnte eine Affirmation sein, ein Ratschlag oder ein Gegenstand. Damit kehrst du zurück in den besagten Theatersaal und siehst dir den Film deiner Urwunde noch einmal an, diesmal jedoch behandelt mit der mitgebrachten „Medizin" aus der Schatzkammer.

Die gleiche Situation sollte sich nun geheilt und positiv zeigen. Meist entstehen aus solchen tiefen Verletzungen auch Glaubenssätze, die wir in uns tragen und unsere Handlungen und Gefühle bestimmen. Im Anschluss an diese Reise wäre es also ratsam, den entsprechenden Glaubenssatz zu finden und zu transformieren. Dein Krafttier kann dich zum Hüter der Glaubenssätze bringen, ein Tier, das dir auf einen Zettel geschrieben jenen überreichen wird. Er sollte zum Feuer der Transformation gebracht werden, um nun endgültig gewandelt zu werden, und zwar in eine positive Affirmation, die dann stattdessen in das Leben integriert wird. Das Krafttier wird diese neue Affirmation kennen und benennen können. Zur Unterstützung kann im Integrationsprozess der alte Glaubenssatz in einer Feuerzeremonie verbrannt werden, sodass Platz für Neues entsteht.

Es folgt die Himmelsrichtung **Westen**: Nach der Auseinandersetzung mit alten Verletzungen gilt es, sich der Angst vor der Zukunft zu stellen. Die Ungewissheit kann uns Menschen ziemlich plagen und die daraus entstehende Angst uns sogar lähmen und uns daran hindern, uns voll zu entfalten. Angst ist wichtig, denn sie will uns liebevoll beschützen, damit uns nichts passiert. Du kannst deine Angst in einer schamanischen Seelenreise kennenlernen und mit ihr sprechen. Reise dafür mit deinem Krafttier in deinen Seelengarten. Lass dich zum Feuer der Transformation bringen und bitte darum, dass deine Angst dort erscheinen möge. In welcher Gestalt zeigt sie sich dir?

Stell ihr Fragen und hör ihr aufmerksam zu. Du wirst schnell merken, dass deine Angst kein Schreckgespenst ist, sondern wirklich nur das Beste für dich will. Wir können unsere Angst beruhigen und ihr darlegen, dass wir ihre Fürsorge schätzen, jedoch jetzt selbst in die Verantwortung kommen möchten. Wenn deine Angst dazu bereit ist, sich zu wandeln, damit Tatkraft und Mut Einzug halten können, bitte sie, sich dem Feuer der Transformation hinzugeben. Vielleicht entsteht etwas Neues daraus, vielleicht verschwindet sie auch einfach. Im anschließenden Integrationsprozess kannst du dich noch intensiver mit dieser Angst auseinandersetzen und z. B. ein Ritual finden, sie loszulassen oder zu verwandeln. Finde Handlungsalternativen für dein Leben, die dir helfen können, besser mit Angst umzugehen. Achte auf Veränderungen und Zeichen, die nach der schamanischen Reise vielleicht auftauchen werden.

Im **Norden** begegnen wir unseren Ahnen: Wie du im Kapitel über das Medizinrad bereits erfahren hast, ist die Verbindung zu deinen vorangegangenen Generationen eine wichtige Angelegenheit, damit du, an der Spitze der Ahnenreihe stehend, voll in deine Schöpferkraft kommen kannst. Das Thema Ahnenheilung ist sehr vielschichtig, denn, wie du dir bestimmt denken kannst, war in unseren vergangenen Generationen so einiges los, was sie vor besondere Herausforderungen stellte und entsprechende Spuren hinterließ. Wenn du in dieses Thema tiefer einsteigen möchtest, empfehle ich dir, nach Literatur und Schamanen/Schamaninnen zu suchen, die sich der Ahnenheilung widmen.

Du kannst jedoch in einer schamanischen Seelenreise deinen Ahnen einen Besuch abstatten und ihnen dadurch zeigen, dass sie für dich eine wichtige Kraftquelle im Leben darstellen. Reise dafür zusammen mit deinem Krafttier in den Seelengarten zum Fels der Ahnen. Bekunde, dass du hier bist, um einen weiblichen und einen männlichen Vertreter deiner Ahnen kennenzulernen. Beobachte, was passiert und wer sich zeigen möchte. Du kannst Fragen stellen und dich darüber erkundigen, wie du ihre Unterstützung noch mehr in deine Alltagsrealität integrieren kannst. Vielleicht erhältst du sogar ein kleines Geschenk von ihnen, das du als Symbol in deine Realität holen kannst, z. B. in Form eines Bildes. Bedanke dich bei ihnen und versuche, deinen Ahnen mit Achtung für ihre Erfahrungen und Leistungen auch im Alltag zu begegnen. Eine Möglichkeit wäre, einen Ahnenaltar zu errichten oder ein Ahnenbuch zu erstellen, das dich von nun an begleitet und an diese wichtige Kraftquelle erinnert, die ebenso wie alle anderen innerseelischen Helfer gepflegt werden möchte.

Die Reise in den **Osten**: Im Osten suchen wir unsere Vision, unsere Lebensaufgabe, die nicht allen von uns klar ist. Der Berg der Visionen und der Herzenskrieger/die Herzenskriegerin hatten sich dir ja bereits vorgestellt. Die Seelenreise in den Osten ist also eine schamanische Visionssuche, die dir dabei helfen möchte, genauer zu verstehen, was deine Aufgabe in diesem Leben eigentlich ist. Das können natürlich auch mehrere sein. Du reist dafür gemeinsam mit deinem Krafttier im Seelengarten zum Feuer der Transformation und bittest um Unterstützung durch deinen Herzenskrieger/deine Herzenskriegerin. Erzähle deinen Plan, auf den Berg der Vision steigen zu wollen, um Informationen über deine persönliche Lebensaufgabe erhalten zu können. Bitte anschließend deine Seele darum, dich zu begleiten. Du weißt ja, dass du am Feuer der Transformation mit allen Seelen in Kontakt kommen kannst, auch mit deiner eigenen.

Beobachte wieder, wie sie sich dir zeigen möchte, und nimm sie mit auf den Berg der Vision. Setze dich mit ihr und deinem Herzenskrieger/deiner Herzenskriegerin dort hin und bitte darum, jetzt deine Vision sehen zu dürfen. Es kann sein, dass sie dir am Himmel gezeigt wird. Wenn nicht, bleib einfach noch eine Weile dort sitzen und warte ab. Sollte sich nach längerem Warten nichts erfahren lassen, beendest du die schamanische Seelenreise direkt in diesem Moment und öffnest die Augen. Du lässt also deine Seele und deinen Herzenskrieger/deine Herzenskriegerin auf dem Berg der Vision sitzen. Du kannst zu einem späteren Zeitpunkt wieder dort hinreisen und überprüfen, ob sie noch dort sitzen. Wenn nicht, kannst du davon ausgehen, dass die Vision verstanden wurde. Frage noch einmal nach, ob sie dir gezeigt werden kann.

Chakrenreise

Die Reise zu deinen Chakren oder auch Seelenenergiezentren führt dich in die mittlere Welt. Um verstehen zu können, warum eine Chakrenreise für dich wichtig sein könnte, möchte ich sie dir kurz vorstellen. Im Schamanismus kennt man neun Chakren, die dir zur Verfügung stehen, um Energie von außen nach innen und umgekehrt zu bewegen. Wenn sie alle im Gleichgewicht sind, fühlst du dich fröhlich, energetisiert, motiviert, kreativ und voller Tatendrang.

Da jedes Chakra für ein bestimmtes Lebensthema steht, können entsprechende Blockaden Auswirkungen auf diesen Bereich haben. Auch kann es vorkommen, dass sie sich in einer Über- oder Unterenergie befinden. Durch eine schamanische Reise in die einzelnen Chakren kannst du sehr viel über ihren derzeitigen Zustand erfahren und auch, was du tun kannst, um die Harmonie wiederherzustellen. Lass uns zunächst die einzelnen Chakren und ihre Bedeutung ansehen:

1. **Wurzelchakra**: Es befindet sich am Ende des Steißbeins in der Farbe Dunkelrot. Hier geht es um die grundlegende Lebensenergie, den Lebenswillen, das Urvertrauen, die Verbindung zu und Verwurzelung mit Mutter Erde.
2. **Sakralchakra**: Dieses Chakra befindet sich knapp unter dem Bauchnabel in der Farbe Orange. Dieses Chakra beschäftigt sich mit unserer Sexualität, Fortpflanzung, unseren Gedanken und Emotionen und unserer Lebensenergie.
3. **Solarplexuschakra**: Es sitzt oberhalb des Bauchnabels und zeigt sich in der Farbe Gelb. Dieses Chakra steht für die Willenskraft, das Durchsetzungsvermögen, unsere Abgrenzungsfähigkeit und die Entwicklung des Ich-Bewusstseins.
4. **Herzchakra**: Mittig in Herzenshöhe liegt das Herzchakra in der Farbe Grün. Hier wird Liebe, Mitgefühl, Menschlichkeit, Güte, Zuneigung, Eigenliebe und Nächstenliebe gefühlt, verarbeitet und ausgesandt.
5. **Kehlchakra**: In Höhe des Kehlkopfes befindet sich das Kehlchakra in der Farbe Blau. In seiner Bedeutung geht es hier um den Ausdruck der eigenen Persönlichkeit, die Kommunikation, darum, die eigene Wahrheit zu sprechen und Gedanken auszudrücken.
6. **Stirnchakra**: In der Mitte der Stirn, oberhalb der Augenbrauen, befindet sich das Stirnchakra in der Farbe Indigoblau oder Magenta. Es ist das Chakra der Fantasie, der Träume, der Wahrnehmung der unsichtbaren, feinstofflichen Welt und der Sitz der Weisheit und Intuition sowie der Erkenntnis und Selbsterkenntnis.
7. **Kronenchakra**: Am höchsten Punkt des Kopfes, am Scheitelpunkt, strahlt violettes oder weißes Licht nach oben, Richtung Himmel. Hier ist wahre Gotteserkenntnis möglich, echte Spiritualität und Vollendung des Lebensweges.

8. **Seelengartenenergie**: Knapp oberhalb des Kopfes, in gold-weißer Farbe, zeigt sich das achte Chakra, das unseren persönlichen Seelengarten widerspiegelt. In ihm ist der Bauplan des Menschen abgespeichert und ein Zugang zur Weisheit und dem Wissen des gesamten Universums möglich.
9. **Spirit**: Dieses Chakra liegt im Universum und leuchtet in strahlend weißem Licht. Es ist die Verbindung zur wahren Heimat, Unendlichkeit und Zeitlosigkeit.

Du kannst in einer schamanischen Reise allen Chakren einen kurzen Besuch abstatten oder dein Krafttier konkret fragen, welches Seelenenergiezentrum sich dir zeigen möchte, weil es eine Reinigung und/oder Harmonisierung braucht. Jedes Chakra wird von einem speziellen Hütetier beschützt. Reise also zusammen mit deinem Krafttier, wie bereits beschrieben, in die mittlere Welt und durchschreite das Tor zu ihr.

Bitte darum, das entsprechende Chakra betreten zu dürfen und es für dich zu öffnen. Wenn du es betrittst, kann es sein, dass du erfüllt wirst von seiner leuchtenden Farbe. Rufe das Hütetier und frage nach, ob alles in Ordnung ist oder du etwas zur Heilung beitragen kannst. Es wird dir zeigen oder erklären, was das Chakra gerade braucht. Folge seinen Anweisungen.

Solltest du Unterstützung benötigen, kannst du immer dein Krafttier, aber auch deinen inneren Heiler/deine innere Heilerin dazu rufen. Jedes Seelenenergiezentrum hat seine ganz eigene Aufgabe im Gesamtsystem. Es ist daher wichtig, dass sie miteinander in Verbindung stehen und untereinander kommunizieren. Diese Seelenreise in die mittlere Welt kann daher regelmäßig durchgeführt werden und zu einem gewohnten Ritual werden, um immer wieder deine Chakren in ihrer Aufgabe zu unterstützen.

Reise zum Ort der Kraft

Dein innerseelischer Ort der Kraft spiegelt deine aktuelle persönliche Kraft wider und kann von Situation zu Situation unterschiedlich sein. Während dein Ort der Kraft in punkto Beziehungen vor Energie nur so strotzt, kann er sich in Bezug auf deine aktuelle Berufssituation sogar ganz anders zeigen. Begib dich in deinen Seelengarten und bitte dein Krafttier, dich an deinen Kraftort zu bringen. Betrete ihn achtungsvoll und nimm seine Energie wahr. Wo bist du? Sieh dich um und erkunde ihn.

Du kannst dich dort auch für eine Zeit lang hinsetzen oder hinlegen, um neue Kraft zu tanken. Wenn du das Gefühl hast, dass dein persönlicher Kraftort nicht energetisch genug ist oder sich sogar schwach und zerstört zeigt, bitte dringend deinen inneren Lehrer/deine innere Lehrerin und deinen inneren Heiler/deine innere Heilerin dazu. Es muss einen Grund haben, warum die Energie hier nicht fließt, und den solltest du schnellstmöglich herausfinden und in Heilung bringen. Stelle gezielt Fragen an deine Archetypen, die dir sicherlich Auskunft geben können. Oft geht damit eine Änderung im realen Leben einher, die du berücksichtigen solltest.

Es ist wichtig, mit den eigenen Energiereserven zu haushalten und ihnen immer wieder die Möglichkeit zu geben, sich zu regenerieren. Du kannst dir auch in deiner Wohnung/in deinem Haus einen eigenen Kraftort errichten. Nutze dafür schamanische Hilfsmittel wie z. B. Steine, Federn oder Hölzer, die du bei deinem schamanischen Spaziergang gefunden hast. Natürlich hast du sie vorher gefragt, ob sie sich dafür zur Verfügung stellen möchten. Setze dich dann bequem auf ein Sitzkissen und räuchere alle Gegenstände zur Reinigung ab.

Bitte dann darum, dass sie dich darin unterstützen mögen, einen Ort der Kraft für dich zu errichten, in welchem du für einige Zeit in Stille sein kannst, um dich energetisch aufzuladen. Lege die Naturmaterialien nacheinander in einen Kreis um dich herum und spüre, wie sich das Kraftfeld Stück für Stück aufbaut. Anschließend schließe die Augen und meditiere in diesem Feld, solange es dir guttut. Räuchere deine Materialien zum Schluss noch einmal ab, um sie dann in einem extra Beutel oder einer Kiste zu verwahren. Spüre kurz nach, was sich dadurch energetisch für dich verändert hat.

Weiterführende schamanische Reisen

Es gibt noch viele weitere Möglichkeiten, schamanische Reisen durchzuführen. So ist es z. B. auch möglich, einzelne Organe anzureisen. Eine gängige schamanische Praxis ist es auch, verlorene Seelenanteile, die sich durch Traumen abgespaltet haben, wieder geheilt zu dir zurückzuführen. Auch der Blick in vergangene Leben kann Aufschluss darüber bringen, warum uns manches in diesem Leben vielleicht nicht gelingen will. Gerade, wenn es um Krankheiten geht, kann auch die Wesenheit der Krankheit angereist werden, um ihre Seelenbotschaft kennenzulernen. Da der Schamanismus davon ausgeht, dass alles beseelt ist, ist es letztendlich möglich, vieles über eine schamanische Reise zu kontaktieren.

Bei Interesse empfehle ich dir sehr, diese einzelnen Varianten in einem schamanischen Kurs oder einer Ausbildung zu erkunden, da meiner Meinung nach Literatur nicht ausreichend ist, um im Selbststudium die einzelnen Möglichkeiten zu erarbeiten und entsprechende Lebensthemen in Heilung zu bringen. Aber die ersten Schritte hast du bereits getan und dich in einzelne Bereiche der schamanischen Heilarbeit eingelesen und vielleicht sogar schon erste praktische Erfahrungen gesammelt. Wenn du jetzt dein Wissen darüber weiter ausbauen und vertiefen möchtest, wird sich dir eine komplett neue Welt eröffnen mit vielen Angeboten und massenhaft Literatur. Du kannst immer deine Seele darum bitten, dir die Dinge zu zeigen, die für deine Entwicklung gerade am passendsten sind. Und dann gilt es wieder: Lausche und erkenne die Zeichen und schreite voran in deinem Handeln.

Bin ich selbst ein Schamane?

Beim Lesen ist dir womöglich aufgefallen, dass ich immer wieder von Schamanen/Schamaninnen und schamanisch Praktizierenden spreche. Diesen Unterschied möchte ich dir in diesem Abschnitt des Buches gerne näher darlegen. Es gibt sehr viele unterschiedliche Meinungen darüber, wann man Schamane oder schamanisch Praktizierender ist. Mitunter wird dieses Thema recht kontrovers diskutiert. Während die einen sagen, dass man selbst erkennt, wann man den Titel „Schamane/Schamanin“ trägt, argumentieren andere, dass nur die geistige Welt sich diese Menschen mit besonderer Begabung aussuchen.

Schamanen und Schamaninnen gab es, wie wir erfahren durften, bereits zu allen Zeiten und an vielen Orten auf dieser Welt. Es ist ein kulturelles Erbe und wurde über Generation zu Generation weitergegeben. Eine einheitlich standardisierte Ausbildung zum Schamanen/zur Schamanin besteht bis heute nicht. Ich bin daher der Auffassung, dass wir dieses weitergegebene Wissen mit Respekt und Achtung unseren Vorfahren gegenüber nutzen dürfen. In vergangenen Zeiten wurden Schamanen dazu berufen, weil sie z. B. die schamanischen Fähigkeiten bereits in ihrer Ahnenlinie hatten, und so wurde der Titel „Schamane/Schamanin" innerhalb der Familie weitergegeben. Ein schamanischer Familienbetrieb sozusagen.

In vielen Fällen ist es ein spiritueller Weg, sich zum Schamanen/zur Schamanin zu entwickeln. Der Begriff „Schamanenkrankheit" taucht in diesem Kontext auf. Menschen haben z. B. eine schwere Krankheit bekommen und diese gemeistert. Wenn das Umfeld dieses Menschen schamanisch geprägt war, ging man davon aus, dass die Krankheit als Ruf der geistigen Welt zu verstehen war. Das Meistern dieser schweren Situation stellte eine Initiation zum Schamanen/zur Schamanin dar. Es wird davon berichtet, dass schwere Krankheitssymptome verschwanden, als die Person ihre Berufung anzunehmen begann.

Letztendlich empfinde ich es nicht als wichtig, sich um den Titel „Schamane/Schamanin" zu kümmern. Viel wichtiger ist es, den eigenen Weg der Selbsterkenntnis zu gehen und Erfahrungen zu machen, die uns im Leben voranbringen. Ich denke, viele Menschen, wenn nicht jeder, hat diesen Schamanenfunken in sich, weitergegeben in unserer Ahnenlinie über viele Jahre hinweg. Bei dem einen ist das Verlangen stärker, diese Seite in sich wieder auszuleben, bei einem anderen wird er sich nie melden. Erkunde daher auf deinem persönlichen Weg, was Schamanismus für dich bedeutet und in welcher Form dieses alte Wissen und die Praktiken dein Leben durchziehen dürfen.

Schamanische Leitlinien für schamanisch Praktizierende

Der Schamanismus ist undogmatisch und lässt dir alle Freiheiten, dich selbst zu erforschen. Trotzdem ist es wichtig, ethische Gesichtspunkte zu betrachten, die mit deiner schamanischen Praxis einhergehen. Folglich ergeben sich ein paar Leitlinien, die du auf deinem schamanischen Weg beachten solltest. Manche davon habe ich bereits angesprochen, einige wichtige folgen jetzt, nachdem du schon mehr Einblick in die schamanische Arbeit hast.

Oft ist es so, dass Menschen, sobald sie etwas für sich entdecken, was wirklich funktioniert, diese Erkenntnisse mit anderen teilen möchten. Ein sehr gut gemeinter Ansatz natürlich, denn man will, dass es auch den anderen besser geht. Das ist auch vollkommen legitim und richtig, solange man nicht in die Falle tappt, andere missionieren zu wollen. Auch ist es natürlich wichtig, zuerst selbst Erfahrungen und Wissen zu sammeln, bis man befähigt ist, jenes an andere weiterzugeben oder sogar für andere schamanisch zu arbeiten.

Es darf nicht vergessen werden, dass wir, im Unterschied zu den indigenen Völkern, in einer industrialisierten Welt leben, in welcher der Kontakt zur Natur zunehmend schwerer wird. Die Sehnsucht in unserem Herzen ist jedoch da und so suchen viele nach Möglichkeiten, diesen Kontakt wiederherzustellen. Der schamanische Weg kann dabei helfen, diese Sehnsucht zu stillen und die Verbindung zu allem Sein wieder anzubahnen. Was in den Völkern vergangener Zeiten über Jahre hinweg weitergegeben wurde, permanent praktiziert und sozusagen das ganze Leben durchdrang, kann verständlicherweise in einem schamanischen Wochenendkurs oder einem Buch nicht zusammengefasst und von jetzt auf gleich erlernt werden. Der schamanische Weg ist ein Weg der Hingabe, der mit Achtung, Demut und Respekt gegangen werden sollte.

Bitte reise nie für andere Menschen oder auch Tiere, ohne die ausdrückliche Erlaubnis dafür zu haben. Jede Seele hat ihre unantastbare Würde und darf selbst entscheiden, wann ihr nächster Schritt auf dem Entwicklungsweg stattfindet. Vor jeder schamanischen Reise muss ein klares „Ja" dazu bestehen. Das sollte auch bei dir selbst der Fall sein. Reise nicht schamanisch in die Anderswelt, wenn du vorher Bedenken verspürst.

Achte deine eigenen Grenzen und stehe authentisch zu dem, was sich für dich richtig und was sich für dich falsch anfühlt. Du selbst setzt deine Grenzen, bis wohin du oder eine beauftragte Person gehen darf. Erinnere dich daran, dass du auch während einer schamanischen Seelenreise immer aktiv mitgestaltend bist und die Zügel in der Hand hältst. Wenn sich etwas für dich nicht stimmig anfühlt, reise nicht weiter. Wenn du ein Ritual nicht aus dem Herzen spürst und ausführen möchtest, mach es nicht.

Fühle auch bitte ganz klar, wann deine Grenze erreicht ist, ein bestimmtes Lebensthema, Trauma oder gar eine Krankheit zu behandeln. Manchmal führt kein Weg daran vorbei, sich Hilfe bei Experten zu holen. Nicht immer können wir alles selbst heilen und wieder in Ordnung bringen. Sich einzugestehen, dass man alleine nicht weiterkommt, ist keine Schande, sondern ein Selbstverständnis der eigenen Möglichkeiten und letztendlich ein Akt der Selbstliebe.

Gehe herzlich mit deinen Grenzen um, du hast gegeben, was zu diesem Zeitpunkt realisierbar war, jetzt ist es wichtig zu lernen, um Hilfe zu bitten, wenn du sie brauchst.

Fokussiere dich vor jeder schamanischen Arbeit, öffne zuerst den heiligen Raum und bitte um einen Schutzkreis, z. B. durch eine Schutzpflanze. Wenn du in die Anderswelt eintrittst, wirst du dort natürlich auch sichtbar für die geistige Welt. Durch deinen persönlichen Schutz und das Krafttier kannst du dich sicher in ihr bewegen, ohne fremde Energien anzuziehen, die du nicht in deinem Seelenbereich haben möchtest.

Denke nochmal daran, dass du dich immer mit deinem Krafttier durch die Anderswelt bewegst. Baue erst Vertrauen zu ihm auf, wenn du noch kein sicheres Gefühl dabei hast. Warte also mit entsprechenden Seelenreisen zu anderen Themen, bis deine Krafttierverbindung stabil genug für dich ist.

Sollte sich bei einer schamanischen Reise plötzlich etwas anders darstellen, als du es gewohnt bist, z. B. der Eingang zum Seelengarten, überprüfe bitte genau, ob sich diese Veränderung aus deiner persönlichen Veränderung heraus ergibt oder eine Manipulation von außen vorliegen könnte. Bitte immer dein inneres Team um Hilfe (Krafttier, innerer Lehrer/innere Lehrerin, innerer Heiler/innere Heilerin usw.).

Wenn du das Gefühl hast, dass die schamanische Arbeit dich von Herzen ruft, dann folge bitte diesem Impuls, auch wenn du im Außen vielleicht auf Unverständnis stößt. Wie bei allen Dingen ist es so, dass wir erst wissen, ob etwas für uns gut ist und sich in unserem Leben bewährt, wenn wir es ausprobieren. Viele Vorurteile entstehen aus Unwissenheit. Ein offener Geist befähigt uns dazu, selbst herauszufinden, wie und wo unser Weg weitergeht, und der kann für jeden ein komplett anderer sein.

Der Weg ist das Ziel – schamanische Arbeit als integrative Lebensbegleitung

Durch schamanische Praktiken, wie sie mittlerweile an den Menschen der Neuzeit angepasst wurden, kannst du schrittweise lernen, selbst den Ursachen deiner Probleme und deren Lösungen nachzugehen. Sie können deinen Lebensweg positiv begleiten, da sie dir ein „Werkzeug" an die Hand geben, das du gezielt einsetzen kannst. Wie der Titel dieses Kapitels bereits sagt, ist der Weg das Ziel. Wenn du in deinem Leben zurückblickst, wirst du wohl bestätigen können, dass erst mit der Zeit und den gemachten Erfahrungen immer klarer wird, wer man eigentlich ist und wo man hinwill. Durch die Trial-and-Error-Methode erkennen wir, dass manche Menschen, Dinge und Situationen gut für uns sind und andere dagegen weniger. So geraten wir manchmal in eine Zwickmühle, aus der wir in diesem Moment keinen Ausweg mehr sehen. Eine bestimmte Handlung hat uns in eine Sackgasse geführt, und nun?

Es gibt immer verschiedene Möglichkeiten, auf Probleme im Leben zu reagieren. Man kann sie aussitzen, daran verzweifeln oder sie als Antriebsmotor für Veränderungen nutzen und lernen, den tieferen Sinn dahinter zu verstehen. So wie wir selbst entscheiden, ob wir das Glas halb voll oder halb leer einschätzen, ist es also auch mit eventuellen Steinen, die uns in den Weg gelegt werden. Ja, es kann ermüdend sein, sich immer wieder damit auseinandersetzen zu müssen, warum gerade etwas nicht geklappt hat. Doch je mehr Zugang wir zu unserer inneren Weisheit bekommen, umso leichter wird es uns fallen, Licht in das Dunkle zu bringen.

Selbstwirksamkeit ist dabei ein wichtiges Stichwort, worauf schamanische Arbeit grundlegend abzielt. Sie ist der Schlüssel zu deiner Handlungsfähigkeit, damit du dich imstande siehst, dir selbst zu helfen und den Ansprüchen deines Lebens an dich selbst auf den Grund zu gehen und sie positiv zu transformieren. Durch die schamanische Praxis lernst du immer mehr, dir selbst zu vertrauen und auch in Zukunft souverän und selbstwirksam handeln zu können. Mit Unterstützung deiner innerseelischen Helferwesen, Kraftorte, Wesenheiten der oberen Welt und letztendlich der allumfassenden universellen Energie arbeitest du selbst mit deiner Seele und deinem Energiesystem. Du bist die Person in deinem Leben, die dein Leben lenken und verändern kann.

Integrativ bedeutet in diesem Zusammenhang, dass du durch deine schamanische Arbeit deine Persönlichkeit wieder vervollständigst und integrierst, was vielleicht lange unbewusst war. Du stellst aktiv und ganzheitlich dein inneres Gleichgewicht und deine Kraft wieder her.

Wie kann das konkret in deinem Alltag aussehen? Integrativ und lebensbegleitend bedeutet für dich, dass der Schamanismus in dein Leben einzieht und ein Teil davon wird. Wie umfangreich sich das darstellen will, entscheidest du immer selbst. Nachfolgend möchte ich dir ein paar Impulse dafür geben, was du auf regelmäßiger Basis, neben schamanischen Seelenreisen und speziellen Ritualen, in deine Tagesabläufe miteinfließen lassen kannst.

Reinigung

So wie du dich täglich deiner Körperhygiene zuwendest, kannst du schamanische Techniken auch in deinen Alltag einbauen, um dich spirituell-energetisch zu reinigen. Gerade, wenn du ein sehr feinfühliger Mensch bist, kann es vorkommen, dass du auch Energien anderer übernimmst. Hattest du schon einmal die Erfahrung, dass du plötzlich ganz traurig oder wütend wurdest, ohne dass es einen bestimmten Grund dafür gab? Dies könnte ein Anzeichen dafür sein, dass du in deiner Aura eine fremde Energie hast.

Wenn du das nächste Mal eine plötzliche Stimmungsschwankung bemerkst, versuche Folgendes: Nimm dir ein paar Minuten Zeit, um eine Räucherung durchzuführen. Zur Reinigung eignet sich besonders gut weißer Salbei. Nutze dafür eine Feder, mit der du den Rauch an deiner Körpervorderseite und -rückseite verteilst. Noch stärker ist die reinigende Wirkung, wenn eine vertraute Person das Abräuchern für dich übernimmt. Du kannst währenddessen darum bitten, dass alle fremden Energien aus deinem Energiefeld zurück zu ihren Besitzern kehren möchten und Energien, die du bei anderen gelassen hast, jetzt geheilt und gereinigt zu dir zurückkehren.

Empfehlenswert ist eine solche Reinigungszeremonie vor allem dann, wenn du mit vielen Menschen in Kontakt warst, z. B. in der U-Bahn, im Supermarkt etc. Spüre kurz nach und überprüfe, ob sich dein emotionaler Zustand jetzt verbessert hat. Solltest du noch immer merken, dass dich etwas belastet, das nicht von dir kommt, nutze zur Räucherung zusätzlich eine schamanische Rassel oder Trommel. Behandle dich damit von Kopf bis Fuß, sodass die Schwingungen der Instrumente deine Aura in Vibration versetzen und sich so fremde Anteile, die hier festsitzen können, wieder ablösen.

Auch deine Chakren freuen sich über ein kleines Reinigungsritual, das du ebenfalls mit einer Räucherung durchführen kannst oder, während du unter der Dusche stehst. Denn auch das Element Wasser hilft dir dabei, nicht nur physisch, sondern auch energetisch sauber zu bleiben. Dafür kannst du deine Seelenenergiezentren aus-

und eindrehen. Mit dem Zeigefinger gehst du an den jeweiligen Sitz des Chakras, dort in das Zentrum, und beginnst, es gegen den Uhrzeigersinn mit langsamen Bewegungen wie eine Spirale aufzudrehen. Jetzt kannst du das reinigende Wasser über diese Körperstelle fließen lassen oder das geöffnete Chakra räuchern. Vielleicht hast du auch das Gefühl, dass du symbolisch mit deiner Hand etwas herausholen möchtest. Greife mit deiner Hand vorsichtig in das Energierad und entferne, was dort nicht hingehört. Übergib es dem Wasser oder dem Rauch und reinige deine Hand. Anschließend drehst du dein Chakra mit dem Zeigefinger im Uhrzeigersinn wieder zu.

Schutz

Ich durfte selbst erfahren, wie kraftvoll es ist, täglich ein kleines Schutzritual durchzuführen, bevor man das Haus verlässt. Manchmal sind wir ungehindert den Launen anderer Menschen ausgesetzt. Sie meinen es oft nicht böse, doch kann einem der raue Umgangston einer anderen Person schon mal schnell selbst die gute Laune verderben. Derartige Angriffe nahmen in meinem Umfeld drastisch ab, nachdem ich begann, jeden Morgen kurz die Augen zu schließen und den heiligen Raum zu öffnen, den du bereits kennst. Auch die Visualisierung des Schutzkreises durch eine Schutzpflanze wie z. B. der Brennnessel oder anderen „unliebsamen" Pflanzen, schützt dein Seelenenergiefeld. Als zusätzliche Schutzräucherung eignet sich ebenfalls der weiße Salbei, aber auch Palo Santo und Lavendel bilden ein schützendes Schild.

Die eigene Energie auszudehnen, baut eine enorme Kraft auf, die nicht so leicht angegriffen werden kann. Je mehr du dir deiner eigenen Schutzkraft bewusstwirst, umso weiter wirst du sie ausstrahlen und umso seltener werden z. B. verbale Attacken oder die Unachtsamkeit anderer Menschen. Probiere es selbst aus und sieh, was passiert. Solltest du noch mehr Schutz im Außen benötigen, bitte darum, dass ein Archetyp dich unterstützt wie z. B. dein innerer Krieger/deine innere Kriegerin. Visualisiere, wie er oder sie vor dir her schreitet und deine Energie verstärkt. Du hast auch die Möglichkeit, ein Helfertier zu bitten, dich in bestimmten Situationen zu unterstützen. Welches Tier symbolisiert für dich Stärke und Unbesiegbarkeit? Verbinde dich mit dieser Tierseele und bitte sie, dich in diesem Augenblick zu unterstützen.

Verbindungen pflegen

Wie bei jeder guten Freundschaft freuen sich auch deine schamanischen Helferwesen auf regelmäßigen Kontakt mit dir. Jede Beziehung wird tiefer, inniger und facettenreicher, je öfter man sich trifft und austauscht. Besonders der Verbindung zum Krafttier sollte so oft wie möglich ein Moment gewidmet werden. Kleine Erinnerungen können dich dabei unterstützen, wenn du z. B. ein Bild deines Krafttieres aufstellst oder, als moderne Variante, es deinen Handybildschirm ziert. Einen kurzen Augenblick die Augen zu schließen, sich in den Herzraum zu begeben und dem Krafttier einen freundschaftlichen, liebevollen Gedanken zu schicken, stärkt euer Band und eure Vertrautheit.

Versuche auch so oft wie möglich Aufenthalte in der Natur einzuplanen, welche die Verbindung zu deinem Wesenskern wiederherstellen. Auch den Tierseelen, Pflanzendevas und Naturgeistern begegnest du dort, die dir alle unterstützende Freunde sein wollen. Ist es dir nur selten möglich, dann reserviere dir täglich ein paar Minuten Zeit, um mit einem Gegenstand aus der Natur in der Hand zu meditieren. Du kannst dir einen Stein oder eine Feder in die Hände legen und darauf meditieren, d.

h., du richtest deine Aufmerksamkeit auf diese Naturseele und zeigst ihr so deine Verbundenheit mit ihr.

Auch deinen Seelengarten solltest du, unabhängig von einer konkreten Reise, öfter besuchen, um deine Verbindung zu ihm zu pflegen. Das kann eine kurze schamanische Reise sein, in der du deinen Seelengarten bereist und ihn von Verschmutzungen befreist oder neue, schöne Pflanzen ansähst. Dein Krafttier und dein innerer Heiler/deine innere Heilerin werden dich dabei unterstützen. Je öfter du solche Reisen ritualisierst, also zu einem bestimmten Zeitpunkt und an einem festen Ort durchführst, desto leichter wird es dir fallen, sie auch wirklich umzusetzen.

Lichtblick

Zum Abschluss dieser gemeinsamen Reise durch die Welt des Schamanismus bleibt meine Hoffnung, dass du all die beschriebenen Informationen und Praktiken für dich persönlich als Lichtblicke einordnen kannst, als Möglichkeiten, dich selbst in deiner Ganzheit wiederzuentdecken. Schamanen und Schamaninnen verstehen sich als Unterstützer und Helfer, welche dich mithilfe verschiedener Geistwesen und Techniken vor allem wieder in Kontakt bringen möchten mit dir selbst, mit deiner lichtvollen Seele. Du bist deine eigene Heilerin/dein eigener Heiler. Die Antworten auf deine Fragen liegen in dir. Das zu praktizieren und dir damit selbst zu helfen, darin möchte dich die schamanische Lehre unterstützen. Anschließend zeige ich dir noch (spirituelle) Bereiche auf, die sich wunderbar mit schamanischer Arbeit verbinden lassen.

Alles ist bereits in dir – Selbsterforschung, Hilfe und interdisziplinäre Verbindungen

Mit dem Lesen dieses Buches hast du erste Eindrücke und auch Beispiele bekommen, wie du dich auf den Weg machen kannst, deine Seele zu hören und kennenzulernen. Mit der Zeit deiner schamanischen Praxis wirst du immer mehr darüber lernen, wie sie funktioniert und dich in deinem Leben leiten möchte. Sie erinnert dich daran, dass du eine gar paradiesische Herkunft hast und nur ein Punkt wirklich für sie zählt – die bedingungslose Liebe dir selbst und anderen gegenüber.

Im Lichte dieser Liebesfähigkeit hast du die Möglichkeit, bestehende Ängste abzubauen und wieder mehr Freude am Leben zu kultivieren. Deine Vision, dein Lebenssinn, wird für dich jetzt vielleicht immer klarer und treibt dich an, das Beste aus deinem Leben zu machen, dich wirklich zu leben. Du erkennst, dass du eigentlich schon alles weißt, wenn du nur nachfragst und in Stille lauschst. So kannst du Abstand bekommen zu manipulierenden, äußeren Einflüssen und lebst ganz aus deiner eigenen Wahrheit. Dein Leben wird bunter, lebendiger, facettenreicher, und du erkennst, wie viele Möglichkeiten du eigentlich hast, es aktiv zu gestalten.

Geschehnisse der Vergangenheit fesseln dich nicht länger an alte Muster, die du immer und immer wieder abspulst, um die gleichen Ergebnisse zu erhalten. Von jetzt an kreierst du neue Wege, die dich lernen lassen, wie (Selbst-)Liebe funktioniert. Beginne damit, dich selbst zu erforschen und deine Vielschichtigkeit zu entdecken. Ein wahrer Schatz wartet auf dich, hier geborgen zu werden.

Schamanisches Coaching

Bei all deiner Selbsterforschung bist du niemals allein und wirst jederzeit unterstützt durch all deine Helferwesen, die du jetzt kennenlernen durftest. Wenn du jedoch das Gefühl hast, in deiner schamanischen Praxis nicht weiterzukommen, wende dich an einen Schamanen/eine Schamanin, der oder die bereits ausreichend Erfahrung auf diesem Gebiet hat.

Die schamanische Praxis im europäischen Gebiet zeichnet sich immer mehr dadurch aus, dass sie neue Wege findet, den Schamanismus mit weiteren Disziplinen zu verbinden, um auch dem komplexeren Leben der Menschen von heute gerecht zu werden. So kannst du mittlerweile auch bei vielen Seminaren zur Persönlichkeitsentwicklung schamanische Elemente wiederfinden. Die Methodik der inneren Reise wird auch hier genutzt, um tiefliegende Aspekte des Seins zu erreichen und wieder freizulegen.

Das Bedürfnis nach persönlicher Weiterentwicklung wird immer größer, und so findet auch der schamanische Weg seine Anknüpfpunkte in diesen Bereichen, wird moderner und flexibler an Interessierte gebracht. Viele Schamanen/ Schamaninnen bieten mittlerweile auch sogenannte Coachings an, die noch individueller auf den Einzelnen zugeschnitten sind und bei denen in Einzelsitzungen ganz konkret ein gemeinsames Konzept erarbeitet wird, das langfristig bei der Bewältigung von Beziehungsproblemen, Traumen, Krankheiten usw. helfen soll.

Ein seriöser schamanischer Coach oder Therapeut zeichnet sich vor allem dadurch aus, dass er dich nicht heilen, sondern begleiten möchte, damit du selbst deine Kraft zur Heilung wiedererlangst. Er möchte dich dabei unterstützen, wieder in dein Gleichgewicht zu kommen und deine Freiheit zurückzuerlangen, wenn Blockaden dich daran gehindert haben, dein volles Potenzial zu leben. Die Vorgehensweise sollte dabei für dich immer transparent sein. Deshalb sind entsprechende Vor- und Nachgespräche unerlässlich, um deine Entwicklung zu reflektieren und Fragen zu beantworten. Die Beziehung zu einem Schamanen/einer Schamanin sollte immer frei und professionell distanziert sein, um Co-Abhängigkeiten zu vermeiden. Du lernst von und durch ihn/ sie, wie du dich selbst ermächtigen kannst, sodass du für dich in verschiedenen Situationen handeln kannst.

Meditation

Auf der spirituellen Landkarte erscheinen viele verschiedene Konzepte, die letztendlich das gleiche Ziel haben, nämlich den Menschen wieder mit sich selbst in Kontakt zu bringen. Daher harmoniert schamanische Arbeit auch wunderbar mit anderen (spirituellen) Praktiken, und sie stehen nicht in Konkurrenz zueinander. So kannst du selbst für dich ein Konzept finden, das all deine Ebenen anspricht und für dich den Kreis schließt.

Eine große Chance sehe ich in der interdisziplinären Verbindung zu verschiedenen Meditationspraktiken. Regelmäßig praktiziert können sie uns dabei bestärken, in die Stille zu kommen und diesen inneren Raum in uns entdecken zu lassen, in dem schon alles da ist.

Meditation dient nicht nur der Entspannung, sondern ist auch ein gezieltes mentales Training, das dich sehr bei deiner schamanischen Arbeit unterstützen kann, welche eben auch ein gewisses Maß an Fokus von uns verlangt, um unsere Seelenbotschaften hören und verstehen zu können. Durch eine Meditationspraxis wird unser Geist flexibler, konzentrierter, was nicht ohne Auswirkung auf unseren Körper und unsere Seele bleibt. Ruhe und Gelassenheit stellen sich mehr und mehr ein. Endlich ist Zeit, all die unverarbeiteten Eindrücke zu sortieren und wieder Raum zu schaffen. Auch unsere Urinstinkte und unsere Intuition werden wieder freigelegt.

Nachdem du dieses Buch gelesen hast, weißt du, dass genau all das wichtige Faktoren sind, die uns gerade in der schamanischen Reise zugutekommen. Unser Geist wird empfänglicher und beginnt, die Informationen der Herzinstanz besser zu verstehen. Aufgrund der aufgezeigten Vorteile könnte eine regelmäßige Meditationspraxis daher ein wichtiger Bestandteil in deinem Lebensalltag werden und lässt sich sehr gut mit schamanischer Arbeit verbinden.

Sport und Yoga

Oft wird von der Einheit von Seele, Geist und Körper gesprochen, wenn es darum geht, den Menschen zu seiner ursprünglichen Kraft zurückzuführen. Sind alle drei im Einklang, fühlen wir uns stark und friedvoll. „Ein gesunder Geist wohnt in einem gesunden Körper“ (Juvenal). Wir haben uns viel mit den energetischen Ebenen und der Seelenebene auseinandergesetzt. Sie bilden den Hauptaspekt der schamanischen Heilarbeit. Doch wir können auf physischer Ebene einiges dafür tun, dass wir ein gesundes, vitales Zuhause für Seele und Geist schaffen.

Wer sich mit sich selbst auseinandersetzt, um sich zu heilen und weiterzuentwickeln, sollte den physischen Körper als unser „Fahrzeug“ hier auf Erden nicht aussparen. Bewegung und gute Ernährung lassen uns wohl in unserer Haut fühlen. Wer sich innerlich und äußerlich pflegt, achtet seine Seele und den Körper als ihren heiligen Tempel. Überlege daher, was du dir Gutes tun kannst, um dich vital und wohlzufühlen.

Es gibt viele Sportarten, aus denen du wählen kannst. Fang langsam an, falls du noch keine sportliche Routine hast. Eine sehr schöne Verbindung sehe ich zwischen Yoga und Schamanismus. So tragen die einzelnen Asanas (Körperhaltungen) sogar entsprechende Namen von Tierseelen, die dem Schamanismus so lieb sind. Denn auch die alten Yogameister lebten im Einklang mit der Natur und ließen ihre Eindrücke in die Yogalehre miteinfließen. Hier verbinden sich Sinneserfahrungen, Meditation und Atemtechniken miteinander zu einem ganzheitlichen Konzept.

Ich persönlich habe die Erfahrung gemacht, dass eine kurze Yogaeinheit vor einer schamanischen Seelenreise einen tieferen Zugang ermöglicht und ich dadurch klarere Bilder und Botschaften erhalten konnte. Ein weiteres Spielfeld, das du gerne betreten darfst, um herauszufinden, was dir und deinem Körper wirklich guttut.

Ernährung

Ernährungstechnisch gibt es mittlerweile viele verschiedene Ansätze, welche auf Richtigkeit abzielen. Es gibt im Schamanismus ein paar einfache, aber wirkungsvolle Ernährungsempfehlungen, die sich in den eigenen Speiseplan integrieren lassen. Da sich Schamanen aller Kulturen intensiv mit den Tier- und Pflanzenseelen sowie den Energien auseinandersetzen, ist es naheliegend, dass eine möglichst hochwertige, pflanzenbasierte Ernährung dabei unterstützen kann, einen gesunden und energetischen Körper zu erhalten.

Denn auch die Pflanzen und Tiere bzw. Tierprodukte, die wir zu uns nehmen, enthalten gespeicherte energetische Informationen, die unser Körper und unser Energiesystem aufnehmen. Hilfreich erscheint mir auch die Einteilung der indisch-ayurvedischen Ernährungslehre der Nahrungsmittel in drei Hauptgruppen:

Gruppe 1: sattva – reine Nahrungsmittel. Damit sind alle frischen Lebensmittel gemeint, welche noch voller Energie und Licht sind, frisch geerntet, unbehandelt und am besten regional und biologisch angebaut. Diese Nahrungsgruppe wird vor allem von spirituell Suchenden bevorzugt, weil sie zu einem klaren Geist und einem gesunden Körper führt.

Gruppe 2: rajas – aktivierende Nahrungsmittel. Sie steigern die Aktivität und Kraft des Körpers. Darunter fallen z. B. starke Gewürze, Koffein und Fleisch. Diese Lebensmittel können für aktive Menschen wie Sportler wichtig sein, aber auch zu innerer Unruhe führen.

Gruppe 3: tamas – träge machende Nahrungsmittel. Diese Lebensmittel lassen die Seele und den Geist stumpf werden und sind auch dem Körper, gesundheitlich gesehen, nicht zuträglich. Hierunter fallen z. B. Fleisch aus nicht artgerechter Haltung, gedüngtes und gespritztes Obst und Gemüse aus dem Treibhaus, mehrmals aufgewärmtes Essen, Konserven.

Dementsprechend kann es für deine schamanische Praxis und spirituelle Entwicklung generell von Vorteil sein, sich besonders den reinen, sattvischen Nahrungsmitteln zuzuwenden und sie so oft wie möglich in den täglichen Speiseplan zu integrieren. Auch die Art der Zubereitung und die jeweilige Stimmung dabei hinterlassen energetische Abdrücke in unseren Nahrungsmitteln. Vielleicht magst du beim nächsten Mal, wenn du kochst, entspannende Musik dabei hören und eine Duftlampe anzünden, um die Schwingung positiv zu erhöhen.

Tarotkarten

Das Legen von Tarotkarten lässt sich sehr gut mit schamanischen Techniken verbinden. Der Markt an angebotenen Karten ist in den letzten Jahren regelrecht explodiert und es kommen immer neue Kartendecks hinzu. Da ist es am Anfang vielleicht schwer, den Überblick zu behalten und zu erkennen, welche persönlich zu einem passen könnten. Ganz klassisch kannst du z. B. Engelkarten ziehen, wenn dich diese ansprechen. Sie haben eine sehr positive und liebevolle Energie und, so mein

Empfinden, erfreuen sofort das Gemüt mit ihren Botschaften. Ebenfalls sehr klassische Kartendecks sind die magischen Lenormandkarten und das Tarot von A. E. Waite.

Es stehen dir auch spezielle Kartendecks für die schamanische Arbeit zur Verfügung. Die Karten unterscheiden sich durch ihre zugrundeliegende spirituelle und philosophische Prägung. Viele von ihnen sind wahre Kunstwerke und aufwendig gestaltet. Wenn es dich zu einem bestimmten Kartendeck hinzieht, probiere es zunächst anhand kleiner Legesysteme für dich aus. Später kannst du das Tarotkartenlesen ergänzend zu einer schamanischen Reise heranziehen, denn es hilft ebenso, die innere Wahrheit aufzudecken und Klarheit zu bringen.

Die einfachste Möglichkeit, mit ihnen zu arbeiten, ist, täglich eine Tageskarte zu ziehen. Du kannst diese Ziehung rituell durchführen oder dir auch nur kurz dafür Zeit nehmen. Eine gewisse Konzentration auf die Karten und eine eventuelle Frage sollten jedoch gegeben sein. Betrachte das Bild der Tarotkarte und versuche zunächst, eigene Interpretationen zu finden. Welche Symboliken zeigen sich? Was geschieht innerlich in dir, wenn du sie betrachtest? Spricht dich das Motiv an oder lehnst du es eher ab? Zu jedem Tarotkartendeck gibt es ein Begleitbuch oder -heft, das die Bedeutung der einzelnen Karten darlegt. Lies nach und überprüfe, was mit dir in Resonanz geht. Kannst du die Bedeutung in deinem Leben verorten? Lassen sich für dich entsprechende Handlungsanweisungen ableiten?

Eine etwas ausführlichere Legung kannst du mit drei Karten durchführen, wenn du Hinweise für einen bestimmten Prozess benötigst. Konzentriere dich, wie du es schon von der schamanischen Seelenreise kennst, auf eine bestimmte Frage oder einen Themenbereich deines Lebens. Denk wieder daran, dass Fragen, die zu einer simplen Ja-/Nein-Antwort führen, eher nicht dafür geeignet sind. Ziehe dann nacheinander drei Karten aus dem aufgefächerten Deck. Lege sie nebeneinander in eine Reihe. Die erste Karte steht für die Situation in der Vergangenheit. Sie kann dir verraten, welche Lernaufgabe dahintersteckt und was das konkrete Problem war. Die zweite und damit mittlere Karte repräsentiert die Gegenwart.

Wie geht es dir aktuell mit diesem Thema, wo stehst du gerade, wie gehst du mit der Situation um? Die letzte Karte kann dir einen Ausblick auf die Zukunft und damit eine Handlungsanweisung aufzeigen. Zusammenfassend kann man sagen, dass Tarotkarten dich darin unterstützen können, den Zugang zu deiner inneren Weisheit, deinem inneren Lehrer/deiner inneren Lehrerin herzustellen. Oft decken sie blinde Flecken auf, denen man sich nicht bewusst war, und helfen, eine Situation aus verschiedenen Perspektiven zu betrachten. Ich empfinde sie als ein verlässliches Hilfsmittel und bereichernde Ergänzung bei der schamanischen Arbeit.

Schlusswort

Am Ende dieser gemeinsamen Reise möchte ich dir noch eine Weisheit der Navajo Indianer mit auf deinen weiteren Weg geben, die diese tiefe Verbundenheit der Schamanen sehr schön zeigt und auch dir lichtvolle Worte sein wollen: „Geh aufrecht wie die Bäume. Lebe dein Leben so stark wie die Berge. Sei sanft wie der Frühlingswind. Bewahre die Wärme der Sonne im Herzen und der große Geist wird immer bei dir sein.“

In diesem Buch hast du Möglichkeiten kennengelernt, durch die schamanische Arbeit, genau diese Kräfte zu entdecken und zu stärken. Alles darf sich entwickeln in deiner Zeit. Die Übungen dieses Buches beginnen erst durch dich zu leben und wollen dir dafür das Geschenk der Seelenverbindung zurückgeben. Du besitzt nun einen ersten Schlüssel, das Schloss, das so viele von uns noch am Herzen tragen, zu öffnen, so dass sich dir eine ganz neue Welt erschließt.

Vielleicht hast du jetzt schon erste schamanische Praktiken aus dem Buch ausprobiert und ihre Kraft erfahren, eventuell hast du auch noch viele Fragen, die du klären möchtest. Fest steht, du hast es in der Hand, dein Leben zu gestalten, nach deinen Wünschen und im Einklang mit deiner Seele und dieses Buch möchte dich genau darin bestärken.

Ich wünsche mir sehr, dass deine Welt dadurch bunter, bereichernder und kraftspendender geworden ist. Du bist die ersten Schritte gegangen, weil du gelauscht hast, den Ruf gehört hast. Jetzt gehst du weiter, aufrecht wie die Bäume, stark wie die Berge, sanft wie der Frühlingswind und mit einem warm leuchtenden Herzen.

Wann ist eine Reise zu Ende? Kann sie das jemals sein? Ich möchte dich ermuntern, viele weitere Reisen zu unternehmen, Weltenbummler zu werden in deiner eigenen Lebensgeschichte. All die Vorschläge aus diesem Buch, Schamanismus in dein Leben zu integrieren, möchten dich dazu anregen, dass diese Reise kein Kurztrip bleibt, sondern einen Geschmack dafür zu bekommen, was noch alles Herrliches auf dich wartet.

So hast du erfahren, dass es gerade bei schamanischen Seelenreisen noch viele weitere Möglichkeiten gibt, die Anderswelt und damit die Seelenkräfte zu entdecken. Du kannst immer mehr erspüren, in welche Richtung du vielleicht zunächst gehen möchtest.

Interessierst du dich für die Pflanzenwelt und möchtest vor allem mit diesen unterstützenden Seelen zusammenarbeiten? Oder fasziniert dich das Medizinrad, das dir mit Rat und Tat zur Seite stehen möchte? Hast du Lust bekommen, selbst einen Schamanen/eine Schamanin kennenzulernen und mitzuerleben, wie sie sich mit der Welt der Geistwesen verbinden?

Stell dir selbst deine Reise zusammen und dann reise mit leichtem Gepäck und sammle auf dem Weg ein, was DU brauchst. Ich wünsche dir alles Gute auf deiner persönlichen „Seelenreise“.

Quellen und weiterführende Literatur

Andrews, T. (2002). *Animal-Speak: The Spiritual & Magical Powers of Creatures Great & Small.* Llewellyn Publications.

Brunner, A. (2018). *Pflanzenschamanismus: Sich mit der Natur verbinden.* Franckh-Kosmos.

Das Medizinrad der Indianer – Aufbau und Bedeutung. Lebensabenteurer.de. https://lebensabenteurer.de/medizinrad/

Dobkin de Rios, M. (2002). What We Can Learn From Shamanic Healing: Brief Psychotherapy With Latino Immigrant Clients. *American Journal of Public Health, 92*(10), 1576–1581. https://doi.org/10.2105/ajph.92.10.1576

Eliade, M., & Doniger, W. (2020). *Shamanism: Archaic Techniques of Ecstasy (Princeton Classics).* Princeton University Press.

Gabriel, T. (2016). *Schamanische Lebensberatung: Der schamanische Weg zur ganzheitlichen Gesundheit und Lebensfreude.* Bohmeier, Joh.

Harner, M. (2013). *Der Weg des Schamanen: Das praktische Grundlagenwerk des Schamanismus.* Heyne Verlag.

Ingerman, S., & Wesselman, H. (2010). *Awakening to the Spirit World: The Shamanic Path of Direct Revelation.* Sounds True.

Limmer, S. (2014). *Schamanische Seelenreisen: Kraft und Heilung in sich selbst finden. Mit Übungen und Ritualen für den Alltag.* Graefe und Unzer Verlag.

Lyon, W. S. (1993). Spiritual Dimensions of Healing:From Native Shamanism to Contemporary Health Care:Spiritual Dimensions of Healing: From Native Shamanism to Contemporary Health Care. *Anthropology of Consciousness*, *4*(4), 17–18. https://doi.org/10.1525/ac.1993.4.4.17.2

Picard, W. (2006). *Schamanismus und Psychotherapie.* Param.

Ripinksy-Naxon, M. (1995). Portals of Power: Shamanism in South America:Portals of Power: Shamanism in South America. *Anthropology of Consciousness*, *6*(1), 40–42. https://doi.org/10.1525/ac.1995.6.1.40

Ruiz, D. J., & Ruiz, D. M. (2020). *The Medicine Bag: Shamanic Rituals & Ceremonies for Personal Transformation.* Hierophant Publishing.

Villoldo, A. (2001). *Das geheime Wissen der Schamanen.* Goldmann.

Villoldo, A., & Perlmutter, D. (2011). *Das erleuchtete Gehirn: Mit Schamanismus und Neurowissenschaft das Geheimnis gesunder Zellen entdecken.* Goldmann Verlag.

Winkleman, M. (2010). Shamanism and the Origins of Spirituality and Ritual Healing. *Journal for the Study of Religion, Nature and Culture*, *3*(4). https://doi.org/10.1558/jsrnc.v3i4.458

Printed in Poland
by Amazon Fulfillment
Poland Sp. z o.o., Wrocław

16629391R00081